Horst J. Rieth

Er war dem Mann restlos verfallen...
Jakob Werlin – Direktor bei Daimler-Benz und Freund des „Führers“

Horst J. Rieth

Er war dem Mann restlos verfallen...

Jakob Werlin – Direktor bei Daimler-Benz und Freund des „Führers“

Olms Presse

Cover-Abbildung:
Werlin und Hitler 1935 bei der Eröffnung eines neuen Mercedes-Benz-Verkaufsraums in München (Bayerische Staatsbibliothek München/Bildarchiv (Fotoarchiv Heinrich Hoffmann))

Bibliografische Information der Deutschen Nationalbibliothek
Die Deutsche Nationalbibliothek verzeichnet diese Publikation in der Deutschen Nationalbibliografie; detaillierte bibliografische Daten sind im Internet über http://dnb.d-nb.de abrufbar.

www.olms.de
Printed in Lithuania
Gedruckt auf säurefreiem und alterungsbeständigem Papier
Lektorat: Walter Grimme, Hildesheim
Umschlag: Anna Braungart, Tübingen
Satz: Michael Schmitz, Hildesheim
Herstellung: UAB BALTO print
ISBN 978-3-7582-0788-4

Inhalt

Im Interesse der besseren Lesbarkeit wurde auf Fußnoten verzichtet. Quellenangaben und Hinweise sind für jeden Abschnitt in den Anmerkungen ab S. 167 zu finden.

Gespräch über ein Auto

Die Männer sind um ein Automodell versammelt, ein Modell des KdF-Wagens, den wir heute noch als „den" Volkswagen oder als „Käfer" kennen. Hübsch glänzend, fast sieht das Modell aus wie ein Spielzeug, wie es da auf einer Kiste steht. Tief heruntergebeugt zum Modell Adolf Hitler, dem von Ferdinand Porsche gerade der Heckmotor unter der geöffneten kleinen Motorhaube gezeigt wird. Hitler sieht entspannt und erfreut aus, er schaut genau hin, hört zu. Dahinter weitere Personen, die nur noch höflich interessiert wirken, zwei Männer im Hintergrund unterhalten sich, einer von ihnen guckt skeptisch.

Ganz vorne am Modell, prominent im Bild, steht noch ein Mann, in schwarzer SS-Uniform. Um den Erläuterungen zuhören und zusehen zu können, beugt auch er sich von rechts über das Modell, und da er zu Porsche und Hitler etwas ungünstig platziert steht, muss er sich mit den Händen auf der Kiste abstützen, damit er beiden nahe sein und auch einen Blick in den Motorraum werfen kann. Er will offensichtlich in das Gespräch zwischen Hitler und Porsche einsteigen. Den Mund leicht geöffnet, scheint er ungeduldig darauf zu warten, auch etwas Wichtiges oder Interessantes beizutragen, aber es ist der Techniker und Chefkonstrukteur Ferdinand Porsche, der gerade das Ohr des „Führers" hat.

Der Mann in der tadellos gepflegten und gebügelten Uniform ist Jakob Werlin, Mitglied des Vorstands der Daimler-Benz AG, Leiter der Verkaufsniederlassung München, einer der drei Geschäftsführer der Gesellschaft zur Vorbereitung des Volkswagens – und ein Freund Adolf Hitlers. Ein bislang wenig beachteter Mann in der Literatur zum „Dritten Reich", ein

Mann, dessen Geburtsjahr das Jahr der ersten Automobile war. Ein Mann, dessen Geschichte mit den Unternehmen Daimler-Benz AG und Volkswagen AG verknüpft ist, wenn auch die Unternehmen bis heute kein besonderes Interesse an der Präsentation seiner Person gezeigt haben. Umso mehr Grund, sich diesen schillernden Akteur etwas genauer anzusehen.

Frühe Jahre

Graz

Wiesen, Felder, Höfe, Handwerksbetriebe und eine Mühle, aber auch eine große Maschinenfabrik: das war Andritz vor 150 Jahren. Der Ort versteckt sich ein bisschen hinter dem Hügel vor der Großstadt Graz. Die Mur, die durch Graz fließt, kommt aus dem Nordwesten der Stadt. Östlich des Flusses liegt Andritz, etwas abseits des Haupttals. Hier wurde Jakob Werlin am 10. Mai 1886 geboren.

In der Großstadt Graz, die – nur ein paar Steinwürfe entfernt – gerade die Zahl von 100.000 Einwohnern erreicht hatte, wuchsen Industrie und Gewerbe, es gab Walzwerke, Maschinenfabriken, Zuckerraffinerien, Textilfabriken, Brauereien und vieles andere. Auf den Straßen fuhr eine Pferde-Trambahn, die später elektrifiziert wurde, aber es gab noch keine Autos, denn das Auto wurde ja gerade erst, just in Werlins Geburtsjahr 1886, in Stuttgart und Mannheim erfunden. Dort bauten Daimler und Benz erste durch Benzinmotoren getriebene Kutschen zusammen, offiziell die Geburtsstunde des Autos.

Am Rande von Graz verlief die Eisenbahnlinie – man konnte von Wien bis Triest fahren. Am noch etwas außerhalb liegenden Bahnhof stieg man vielleicht in eine Kutsche um, die auch in Graz entstanden war, dort wurden aber schon längst nicht mehr nur Kutschen und Wagen gebaut, sondern auch Waggons für die Eisenbahn. Für den Sport, auch für den innerstädtischen Verkehr, gab es Fahrräder, die in mehreren Grazer Fabriken hergestellt wurden, darunter von einem Hersteller, der uns gleich wieder begegnen wird, Johann Puch. Und wenn heute über rasende, rücksichtslose Radfahrer diskutiert wird, mag es ein Trost sein, dass schon damals die Grazer Tagespost unkte: Muss es denn wirklich ein Menschenleben kosten, bevor dem gefährlichen Tun der Radfahrer ein Ende bereitet wird? Nicht besser ging es den ersten Autos, die dann wenige Jahre später auch in Graz ihre frühen Liebhaber und Nutzer gefunden hatten: Die Stadt war skeptisch und befasste sich umgehend mit Problemen des motorisierten Verkehrs. Dreck und Lärm führten zu verschiedenen Verboten und motorverkehrsfreien Zonen, und – auch heute ganz aktuell – das „Posing", das Auf- und Abfahren mit Autos auf der Promenade, wurde verboten. Dies alles hielt den Siegeszug des Automobils auch in Graz kaum auf.

So war Graz ein guter Ort zum Aufwachsen für einen Jungen, den Fahrzeuge begeisterten.

Angestellter bei Johann Puch

Im Sommer 1903 steht Jakob Werlin in Graz in einer Stellenvermittlungsagentur. Er hat die Bürgerschule und einen einjährigen Kurs auf der Handelsschule abgeschlossen, sich – wohl nur wenige Wochen – als Bäckerlehrling, als Lehrling zum Schriftsetzer und als Schreinerlehrling versucht. Ein Jahr lang war er Praktikant in der Zahnräderfabrik Cless & Plessing in Graz. Jetzt braucht er Arbeit, er muss Geld verdienen. Zuhause ist das Geld knapp, Jakobs Vater, ein Monteur, war schon 1896 gestorben, seine aus Augsburg stammende Mutter Rose arbeitet als Helferin auf Bauernhöfen. Nach Jakob waren in den nächsten Jahren noch zwei Söhne gekommen. Später wird Rose wieder heiraten, einen Lokomotivführer.

In der Agentur verlangen sie fünf Kronen für die Vermittlungsleistung, eine stolze Summe, die Werlin nicht hat. Aber als er sich zum Gehen wendet, sieht er, wie einem anderen Arbeitssuchenden ein Kuvert übergeben wird, und er kann die Adresse auf dem Umschlag gerade noch lesen, bevor der andere den Umschlag einsteckt: Johann Puch, Fahrradwerke, Graz, Laubgasse. Er rennt dort hin, ist schneller als der andere, der die Tram genommen hat, stellt sich vor und bekommt die Stelle als kaufmännischer Angestellter.

So erzählte Werlin die Geschichte fast vierzig Jahre später in einem Artikel für die Grazer Tagespost.

Eine formale Berufsausbildung hatte er nicht, weder als Kaufmann noch in einem technischen Beruf, und er wird einen solchen Abschluss auch niemals erwerben. Doch das steht ihm bei Puch nicht im Weg.

Johann Puch war ein rastloser Macher, ein Tüftler, ein Unternehmer und streitlustiger Netzwerker, der mit Fahrradreparaturen begonnen hatte und bald darauf eine eigene Fahrradproduktion aufbaute, mit der er ein akademisch-sportliches Publikum bediente. Er belieferte auch Fahrradrennfahrer mit seinen Rädern, und während bis zu diesem Moment alle glaubten, dass man ein Radrennen nur mit einem englischen Fabrikat gewinnen könne, so zeigte er der Welt, dass dies auch mit einem Puch-Rennrad möglich war: 1894 schaltete er in den Wiener Zeitungen ein Inserat, in dem er gleich auf drei Weltrekorde und drei gewonnene große Rennen hinweisen konnte, darunter Paris-Wien, alles 1894 erkämpft auf seinen „Styria"-Rädern. Puch bezahlte die Rennfahrer sehr gut dafür, seine Räder zu fahren. Ein ganz großer Erfolg war der Gewinn des Ein-Tages-Rennens Paris-Bordeaux, eines großen internationalen Ereignisses.

Es lief aber nicht alles rund in Puchs expandierendem Unternehmen. Puch hatte gravierende gesundheitliche Probleme schon in relativ jungen Jahren. 1897 verließ er sein Unternehmen, verkaufte seine Anteile. Zwei seiner ehemaligen Mitarbeiter gründeten sofort ein neues Unternehmen. Puch selbst hatte sich verpflichtet, zwei Jahre kein Konkurrenzunternehmen zu führen, aber nach dieser Frist übernahm er die Neugründung sofort, und in der Folge gab es zwei Unternehmen mit Puch im Namen, die sogar beide ihren Fahrrädern den Namen „Styria" gaben. Rechtsstreitigkeiten waren die Folge.

Als Jakob Werlin den Vertrag glücklich in seinen Händen hielt, war er ein siebzehnjähriger Junge, der sich für Technik interessierte und in seinem Praktikum in der Zahnradfabrik einiges mitbekommen hatte. Und schon bald waren seine Aufgaben bei Puch nicht mehr allein buchhalterischer Art.

Obwohl Puch sein neues Unternehmen unter dem nicht ganz anspruchslosen Namen „Johann Puch – Erste steiermärkische Fahrrad-Fabriks-Actien-Gesellschaft in Graz" eintragen ließ, hatte er viel mehr als Fahrräder im Sinn.

1901 begann er mit dem Bau von kleinen Motoren, die er in Fahrräder mit zwei nebeneinanderliegenden Hinterrädern zwischen diesen Rädern einbaute, motorgetriebene Dreiräder. Bald schon folgten Motorräder, die erst nicht viel mehr als Fahrräder mit Motor im Rahmendreieck waren, dann aber schnell ein eigenständigeres Profil gewannen.

Das war nicht alles: 1901 baute er ein erstes Automobil, eine Voiturette, d.h. einen kompakten Wagen mit Sitzbank für zwei Personen, der durchaus noch Anklänge an einen Kutschwagen hatte, aber offenbar sehr bergtüchtig war. Der spätere Besitzer dieses ersten Versuchswagens hat damit erfolgreich einen Pass befahren und damit vielleicht schon eine Qualität erlebt, die auch noch viele Jahre später Puch-, oder dann Steyr-Daimler-Puch-Fahrzeuge auszeichnete.

Allerdings hatte das Unternehmen nicht das Kapital, dieses Fahrzeug in Serie zu bauen. Technisch hatte Puch überzeugend gezeigt, dass er ein Fahrzeug bauen konnte, und er war auch im Motorenbau ein Innovator. Während z.B. die Kolbenlaufflächen der Konkurrenz aufgrund des üblichen Produktionsverfahrens der Kolbenringe immer wieder Schleifpartikel aufwiesen, die Leistung und Lebensdauer beeinträchtigten, führte Puch einen neuen Fertigungsprozess für die Dichtringe ein, der dies vermied.

Schon 1904 nahm Puch seinen jungen Angestellten Jakob Werlin mit nach Paris, wo sie bei drei verschiedenen Herstellern Fahrzeugchassis kauften. Die zerlegten sie dann in Graz, um die Konstruktion bis auf die Teileebene zu durchdringen. Auch heute noch kaufen Automobilfirmen Konkurrenzprodukte und demontieren und analysieren sie in ihren Entwicklungsabteilungen. Interessant ist es, diesen Vorgang in Werlins Artikel aus dem Jahr 1942 nachzulesen, wenn er schreibt, wie „wir" diese französischen Chassis zerlegten und daraufhin wussten, wie ein Auto konstruiert ist. Nun, zumindest letzteres wusste Puch auch vorher, denn er hatte schon 1901 ein lauffähiges, leistungsfähiges Automobil gebaut. Wollte Werlin mit „wir" nur seine Verbundenheit zum Unternehmen zeigen oder sagen, dass er auch persönlich an dieser Zerlegearbeit beteiligt war? Zumindest dürfen wir davon ausgehen, dass er in kürzester Zeit ein wichtiger Mitarbeiter für Puch geworden war.

Das Ergebnis dieser Arbeiten war wiederum eine Voiturette, Puch 9/10 HP, die auf der Automobilausstellung in Leipzig gezeigt wurde und – so Werlin – hunderte Interessenten fand, die den Wagen bestellten. Aber wieder war kein Geld für eine Serienproduktion da, kein Kunde bekam sein Auto. Und als ironisches Sahnehäubchen dieses erneuten Scheiterns wurde dem Ausstellungsstandleiter Jakob Werlin am Ende der Leipziger Ausstellung sogar das Musterfahrzeug weggepfändet, weil die Firma Puch die Standgebühr nicht bezahlt hatte. Jakob Werlin schreibt dazu, dass er wie ein Reiter ohne Pferd nach Hause kam.

In Werlins Tagespost-Artikel lesen wir über die Schwierigkeit, Geldgeber zu finden. Immerhin ist ein Bankhaus bereit, Puch für die Autoproduktion 125.000 Kronen zu leihen, nach heutigem Wert wohl mehr als eine halbe Million Euro. Jakob Werlin kommentierte dies 1942 mit dem Hinweis, dass das Bankhaus mit jüdischen Eigentümern bei Puch wohl ein gutes Geschäft witterte. Ob der kaufmännische Angestellte Werlin 1904 über diese Kapitalspritze auch schon so verächtlich dachte?

Bei allen Schwierigkeiten lief nicht alles schlecht. Inzwischen waren die Puch-Motorräder im Rennsport und im Verkauf erfolgreich, und der umtriebige Chef hatte eine Vertretung für Mannesmann-Mulag-Lastkraftwagen übernommen, auch Dixi-Automobile der Fahrzeugwerke Eisenach kamen hinzu.

Für einen jungen Angestellten wie Jakob Werlin war das Unternehmen Puch ein hervorragendes Erfahrungsfeld. Sich erfolgreich am Markt durchsetzen, mit guter Technik und bestem Marketing, aber auch: Scheitern und Weitermachen, ständige Suche nach neuen Geschäftsfeldern – von Puch konnte man viel lernen. Natürlich war das Thema Automobile für Puch auch nach zweimaligem Misserfolg nicht beendet.

1906 kam der Durchbruch. Auf der Automobilausstellung in Wien zeigt Puch ein Fahrgestell mit Motor einer Voiturette, deren Konstruktion und Anmutung auf großes Interesse stößt. 1907 beteiligt sich Puch mit dem nochmals verbesserten Wagen am Semmering-Bergrennen mit großem Erfolg. Ein Vierzylinder-Tourenwagen wird gebaut, der prestigeträchtig beim Kaisermanöver 1907 zum Einsatz kommt. Ab da läuft es gut mit Automobilen, verschiedene Tourenwagen entstehen, aber auch Lastkraftwagen, Omnibusse und Spezialfahrzeuge werden gebaut. Der Technikfreak Puch muss natürlich auch in die Luft, ein Flugmotor wird gebaut, der eines der ersten Luftschiffe antreibt. Puch war der Elon Musk der Steiermark.

Aber Puch hat massive Herzprobleme und zieht sich 1912 weitgehend zurück, hat nur noch einen Sitz im Verwaltungsrat der Puch AG. Er züchtet Hunde und betreibt erfolgreich Trabrennsport, auch dies ein Feld, in dem er schnell zu den besten gehört. Schon 1914 stirbt er in Folge eines weiteren Herzschlags mit 52 Jahren.

Werlins Artikel aus 1942 ist eine Hymne auf seinen ersten Arbeitgeber, den er auch mit dem Abstand der Jahre seit seiner eigenen Tätigkeit bei Puch uneingeschränkt bewundert.

1910 schickt ihn Puch in die Verkaufsniederlassung Budapest.

Jakob Werlin ist 24 Jahre alt, mit 1,78 m groß für die damalige Zeit, eher breitschultrig, blond, akkurat gescheitelt, seiner Herkunft zum Trotz hat er eine bürgerliche Aura. Er sieht ernst und seriös aus. Und er wird der Leiter der Filiale Budapest. Ungarn ist Teil der Habsburgischen Monarchie, aber die Länder in diesem Verbund haben ihre Eigenstaatlichkeit und Besonderheiten, ihre Sprachen erhalten. Jakob Werlin ist in Budapest praktisch im Ausland, und er wird sich auch in Zukunft mit einer gewissen Leichtigkeit im Ausland bewegen, wird einen Großteil der Länder Europas, meist geschäftlich, bereisen. Der Aufstieg vom Jungen aus bescheidensten Verhältnissen zum Filialleiter eines Fahrrad-, Motorrad- und Automobilunternehmens in einer habsburgischen Hauptstadt ist ein bemerkenswerter Anfang.

1912 heiratet Jakob Werlin in Budapest die sieben Jahre jüngere 19jährige Ungarin Eglantine Baronin von Simonyi, eine attraktive dunkelhaarige

Frau. Sie werden vier Söhne haben, und sie werden zusammenbleiben, in guten wie in schlechten Zeiten.

Motorrad-Racer Jakob Werlin

Wie schon bei seinen Fahrrädern, setzte Puch bei seinen Motorrädern auf die Werbewirksamkeit des Sports. Sein Mitarbeiter Jakob Werlin stürzte sich mit Begeisterung auf das gefährliche Engagement und fuhr Motorradrennen. Über seine persönlichen Erfolge und Misserfolge wissen wir wenig, mit einigen Ausnahmen: So gewann er in der Nähe von Graz ein Bergrennen auf die Ries, eine sechs Kilometer lange Strecke.

Das bekannte Semmering-Bergrennen in Niederösterreich wurde 1909 sein persönlicher Renn-Höhepunkt. Zehn Kilometer die nicht asphaltierte Passstraße den Berg hinauf, 450 Höhenmeter, viele Kurven und Kehren – natürlich keine Leitplanken und die manchmal zehntausende zählenden Zuschauer ohne jeden Abstand, ohne Barriere direkt an der Fahrbahn – nichts für Freizeitmotoristen. Noch wenige Jahre zuvor waren hier Automobile, Motorräder, Tricycles gegeneinander angetreten. Und unter den Automobilen waren Benziner, aber auch Dampfwagen mit Dampfmaschine, die ganz vorne mitmischten, und auch der von Ferdinand Porsche entwickelte elektrische Lohner mit vier Radnabenmotoren, kurze Zeit später auch als Hybrid, in dem zwei Benzinmotoren einen Dynamo betrieben. Das Bergrennen war wie ein Brennglas der künftigen Technikgeschichte: Von der Dampfmaschine über den Verbrennungsmotor zum Hybrid bis zum reinen Elektroantrieb. Ferdinand Porsche war nicht nur für Konstruktionen verantwortlich, er fuhr auch selbst Rennen. Wir werden ihm in dieser Geschichte viele Jahre später wieder begegnen.

1909 waren am Semmering Automobile und Motorräder schon in separaten Rennen unterwegs. Jakob Werlins Puch-Motorrad war vermutlich ein Zweizylinder, den es in einer leichten und einer schwereren Form gab – mit beiden wurden Rennen gefahren.

Werlin war an jenem Tag in 1909 nicht der schnellste auf der Strecke. Ein Wilhelm Herbst auf NSU war fast eine Minute schneller – aber er wurde disqualifiziert. Jakob Werlin, bis dahin an zweiter Stelle gelegen, wurde damit zum Sieger des Rennens erklärt. Gleichzeitig markierte dieser Sieg mit seinem Puch-Motorrad noch eine für die einheimischen Fans weniger glückliche Facette: Es war der letzte Sieg einer österreichischen Motorradmarke am Semmering.

1912 und 1913 nimmt der Leiter der Puch-Niederlassung Budapest, Jakob Werlin, an der Tatra-Adria-Fahrt teil, die in Budapest startete und endete und über mehr als 2000 Kilometer erst zum Mittelmeer und dann durch die Tatra führte. Veranstalter ist der Königlich Ungarische Automobilclub. Werlin fährt natürlich einen Puch, diesmal ein Automobil, und er wird in beiden Jahren ohne Strafpunkte in Budapest einfahren - 1913 waren die neun anderen, die das schafften, ein weiterer Puch, zwei Benz, zwei Fiat und ein Austro-Daimler, ein Opel und ein Laurin & Klement.

Im Juni 1914, wenige Wochen vor Ausbruch des Ersten Weltkriegs, bleibt er auf der Karpatenfahrt strafpunktfrei, die Mannschaftswertung gewann das Team, das in einigen Jahren auch Werlins berufliche Heimat werden wird: Benz!

Jakob Werlin bewegte sich in bester Gesellschaft: auf den Fernfahrten, Zuverlässigkeitsfahrten und Rallyes waren viele Adelige unterwegs, auch bekannte Journalisten, Unternehmersöhne, wie schon erwähnt Ferdinand Porsche, Konstrukteur und leitender Direktor in verschiedenen Automobilfirmen, bis hin zu einer Exotin, der jungen Wiener Fahrerin Helene Morariu, der schönen „studiosa philosophiae“, ebenfalls auf Puch.

Ein Automobilfachmann in der Bayrischen Armee

1914 meldet sich Werlin freiwillig zum Kriegsdienst in der Bayrischen Armee. Was macht er da? Er ist in Graz, Österreich, geboren, dort ist er aufgewachsen, er hat nie in Deutschland, in Bayern gewohnt. Warum meldet er sich nicht für die österreichische Armee?

Das Geheimnis wird in den bayrischen Kriegsstammrollen geklärt. Dort werden alle notwendigen Daten der Soldaten eingetragen, für Werlin gab es von 1914 bis 1917 vier Einträge. In zwei Einträgen ist zum Geburtsort nur Andritz, Graz, Österreich vermerkt, in den anderen zwei ist hinzugefügt „beh. Augsburg“. Augsburg finden wir schon als Geburtsort seiner Mutter im Meldezettel in Graz, obwohl Werlin später vor der Spruchkammer behaupten wird, dass seine Mutter aus der slowenischen Steiermark stammt.

Beheimatet in Augsburg, das heißt wohl: seine Mutter war Deutsche, und er als ihr Sohn damit ebenfalls.

Dennoch bleibt die Freiwilligenmeldung erstaunlich: Werlin ist 28 Jahre alt, seine Frau erwartet ein Kind, er lebt in Budapest, hat nie eine Wohnanschrift in Deutschland gehabt. Nachdem alle überzeugt waren, dass der Krieg eine kurze, erfolgreiche Geschichte sein würde, hätte er doch gute Chancen gehabt, noch lange als Zivilist in Budapest zu bleiben, bevor ihn die Bürokratie dort aufgestöbert hätte?

Der Name des ersten Sohnes, der im November 1914 geboren wird, gibt einen Hinweis: Wilhelm. Also auch Werlin im Taumel für Deutschland und den Kaiser, im Kriegstaumel, im patriotischen Strudel der Zeit? Offenbar. Er lässt seine junge Frau und das Kind zurück, er will seinen Beitrag leisten. Eglantine und der junge Wilhelm werden 1917 in Graz angemeldet. Für Werlin dagegen wird in seinem letzten Stammrolleneintrag München als Wohnort ausgewiesen.

Passenderweise gehört er einem Ersatz-Kraftfahrzeugbataillon an, und er schreibt in späteren Lebensläufen, dass er hauptsächlich für Reparaturwerkstätten im Felde zuständig war und dort auch eine kleine militärische Karriere machte, bis hin zum „Beamtenstellvertreter“ mit dem Titel Automobilingenieur. Seinen Einträgen in der Kriegsstammrolle entnehmen wir, dass er am Gewehr M88 ausgebildet wurde, dass er im Juni 1916 bei Gefechten südwestlich Asiago dabei war und von Dezember 1916 bis Juni 1917 bei Kämpfen in der Walachei und den Waldkarpaten.

Auch dies ist eine teilweise rätselhafte Eintragung. Um Asiago (Venetien) herum haben die österreichischen KuK-Truppen zu dieser Zeit eine Offensive gegen die Italiener gestartet, aber nach den Geschichtsbüchern wurde eine Unterstützung dieser Aktion durch deutsche Truppen von der deutschen Heeresleitung abgelehnt, wie auch die Offensive selbst von der deutschen Heeresführung kritisch gesehen wurde. Einige deutsche Soldaten waren aber offenbar doch dabei, der Eintrag in der Stammrolle ist eindeutig.

Werlin wird auch ausgezeichnet: Den Bayrischen Militärischen Verdienstorden mit Kreuz und Schwertern sowie ein Frontkämpferkreuz kann er später aufweisen.

Aber Werlin kämpft nicht nur für Deutschland, er legt seine Erfahrungen mit der Motorisierung im Krieg auch publizistisch vor, in der schweizerischen „Automobil-Revue“: Stärken und Schwachstellen, so z.B. die Feststellung, dass die Motoren in aller Regel zuverlässig und langlebig sind, aber Probleme bei Steuerteilen, Benzinzufuhr, Vergasern und Zündverteilern, auch das Thema Bremsen, werden von Werlin fachmännisch dargelegt. Werlin nutzt und lebt nicht nur mit dem Automobil, er leistet einen Beitrag zu seiner Weiterentwicklung.

1917 wird er beurlaubt von der Armee zu seiner nächsten beruflichen Tätigkeit, diesmal für Hansa-Lloyd, der bremischen Automobilfirma. Er wird die Niederlassung von Hansa Lloyd in Essen leiten.

Hansa-Lloyd

In Varel nördlich Bremen arbeiteten und lebten Anfang des 20. Jahrhunderts zwei gut betuchte Autoenthusiasten: der Verleger Robert Allmers und der Webereibesitzer August Sporkhorst. Der Ingenieur Sporkhorst wollte die Mobilität und Effizienz seiner Handelsvertreter verbessern und stattete sie deshalb mit Automobilen aus. Nicht die riesigen chauffeurgesteuerten Repräsentationswagen waren, was er brauchte, sondern preisgünstige, leicht zu bedienende kleinere Fahrzeuge. Er beschaffte sechs „Apollos" der thüringischen Automobilfabrik Ruppe & Sohn mit De Dion Bouton Einzylindermotoren, Fahrzeuge nach dem Vorbild französischer Voiturettes. Wir kennen sie schon von Johann Puchs Anfängen.

Der Zeitungsverleger Allmers hatte Autos vor allem für sein Vergnügen gekauft und ausprobiert und sich dabei in die Technik eingearbeitet. Beide Männer wohnten nicht weit voneinander und befreundeten sich. Sie fuhren nicht nur ihre Autos, diskutierten nicht nur die Technik, sondern legten Hand an und sannen über Verbesserungen nach.

Sie machten längere Autotouren, sahen sich Autofabriken an, studierten neu auf den Markt gekommene Fahrzeuge, wälzten Automobilkataloge und fingen an, ein Auto zu konstruieren. Sie kauften Motoren, montierten ein Chassis, und schon 1905 bauten sie den Hansa A6 3/6 PS zusammen, einen kleinen „Doktorwagen", nicht billig, aber sehr solide, gediegen und zuverlässig. Der gewählte Name Hansa hatte im Norden immer einen hervorragenden Klang, das Unternehmen wuchs, baute Autos, die sich in Wett- und Zuverlässigkeitsfahrten überragend bewährten. Die Parallele zu Johann Puchs zeitgleichen ersten Fahrzeugvorstellungen ist frappierend.

Während in Varel zwei Autonarren ihren Traum verwirklichten, entstand in Bremen aus ganz anderen Gründen eine Automobilfabrik, die „Norddeutsche Automobil- und Motorenaktiengesellschaft" (NAMAG). Die war Teil einer Diversifizierungsstrategie des Norddeutschen Lloyd. Es wurde geklotzt, nicht gekleckert, eine große Fabrik für die Produktion von

300 Fahrzeugen pro Jahr wurde aus dem Boden gestampft. Aber die Dinge entwickelten sich schlecht: die Baukosten explodierten wegen des ungeeigneten Baugrunds, die Produktion kam nur schleppend in Gang. Gebaut wurden Elektromobile, z.B. für die Reichspost, die in großen Stückzahlen bestellte. Es gibt ein Bild, wo gute zwei Dutzend solcher Elektromobile 1915 für die Auslieferung bereitgestellt sind – der heute von der Post selbst gebaute „Streetscooter" hatte schon vor mehr als 100 Jahren sein Vorbild.

Und weil die NAMAG gut eingerichtet war, Elektromobile, Lastwagen, Feuerwehrfahrzeuge und anderes baute, aber offenbar nichts verdiente, kam der Norddeutsche Lloyd auf „Hansa" zu mit dem Angebot einer Fusion der beiden ungleichen Firmen: Hansa-Lloyd. Die wurde alsbald vollzogen, und vermutlich wäre das Abenteuer wirtschaftlich nicht gut ausgegangen, wenn nicht kurz darauf der vom Zaun gebrochene erste Weltkrieg für einen nachhaltigen massiven Bedarf an Lastwagen, aber auch Personenwagen für das Heer und von Traktoren für die Landwirtschaft sorgte – fast alle Pferde waren von der Armee requiriert worden. Ja, die Armee wollte die Pferde, die Landwirtschaft musste deshalb mit Traktoren arbeiten .... Nicht zu vergessen, dass viele Metallbetriebe beauftragt wurden, Granaten zu produzieren. Da viele Stammarbeiter im Krieg waren, mussten dies dann Frauen und Kriegsgefangene machen, in Varel, aber auch in den Bremer Fabriken – dort waren die Granaten sogar Gegenstand einer kleinen Erpressung gegenüber der Stadt Bremen in Sachen Arealarrondierung.

Als Jakob Werlin 1917 zu Hansa-Lloyd kommt, ist alles noch auf Kriegsproduktion ausgerichtet. Soweit in Varel PKW gebaut werden, sind sie für den Militäreinsatz bestimmt, oft mit entsprechender Ausstattung oder Modifikation. Bremen fabriziert Lastkraftwagen für das Heer. Granaten müssen alle herstellen. Und Hansa-Lloyd produzierte seinen „Trecker", einen Alleskönner für die Bauern, die ihre Pferde dem Heer abtreten mussten.

Hansa-Lloyd entwickelt in Werlins Zeit gegen Kriegsende auch einen sehr eigenartigen Panzer mit riesigen Rädern, zwischen denen sich die Fahrerzelle und die Bewaffnung verbarg, gelenkt über kleine Rollenräder an einer langen Gabel, eine Art unförmiger Riesen-Chopper. Das Gerät könnte einem Sciencefiction-Film entstammen, aber es funktionierte nicht und nach erfolglosen Probefahrten wurde es verschrottet. Allerdings konnte auch Hansa-Lloyd Teile zuliefern für den Sturmpanzerwagen A7V, der bei Büssing und im Daimler-Werk Marienfelde hergestellt wurde, insgesamt 20 wurden der Truppe 1918 übergeben.

Was Werlin bei Hansa-Lloyd anfangs genau für Aufgaben hatte, wissen wir nicht. Er war zunächst in Varel und in Bremen, vielleicht zur Vorbereitung auf die Leitung der Verkaufsniederlassung Essen, die er dann übernahm.

Bei Kriegsende standen in Bremen und Varel hunderte von Fahrzeugen auf dem Hof – es gab keine Reifen. Die Situation war schwierig: Die Arbeiter in Bremen waren in Aufruhr, auch die der bremischen Hansa-Lloyd-Fabrik. Es kam zu Streiks und sogar zur Sabotage. Material fehlte, die Preise stiegen unablässig. Diese Ereignisse gehen offenbar nicht spurlos an Jakob Werlin vorüber. Der Arbeitsfrieden im Betrieb, auch durch ordentliche partnerschaftliche Führung, ist ihm in seinem weiteren Berufsleben immer wichtig. Die organisierten, auch die rebellierenden streikenden Arbeiter aber bleiben ihm zeitlebens suspekt.

Werlin zieht mit seiner Familie nach Essen, seine beiden Zwillingssöhne Hans und Otto werden dort 1921 geboren.

Wie erfolgreich die Essener Verkaufsniederlassung war, unter all den geschilderten Schwierigkeiten, ist schwer abzuschätzen. Jedenfalls musste Werlin 1921 gehen. Vermutlich hatte dies nicht direkt mit dem Umsatz seiner Verkaufsniederlassung oder seiner persönlichen Leistung zu tun. Zwei Vorgänge dürften den Ausschlag gegeben haben:

1921 wurde Hansa-Lloyd aufgeteilt, das Werk in Varel verkauft.

Und Robert Allmers bastelte an einem Kartell, das man damals aber nicht so nannte: Die vollmundig getaufte „Gemeinschaft Deutscher Automobilfabriken“ (GDA) war zwar letztlich nur eine Aktion von drei nicht sehr großen Firmen (Nationale Automobilgesellschaft NAG, Brennabor-Werke und Hansa-Lloyd), aber neben der Einigung, wer was produzieren durfte, war der zweite große Schwerpunkt die Zusammenlegung des Vertriebs, also z.B. der bestehenden Verkaufsniederlassungen in den großen Städten. Wie auch immer die genaue Situation in Essen war: Allmers setzte seinem Verkaufsleiter Werlin den Stuhl vor die Tür. Und da man sich bekanntlich immer zweimal im Leben trifft, werden Werlin und Allmers sich zehn Jahre später im Reichsverband der Deutschen Automobilindustrie (RDA) wieder begegnen, und diesmal wird es Allmers sein, der auf diese Begegnungen gern verzichtet hätte.

Ein smarter Verkäufer in München

Verkaufsleiter Benz & Cie

Diesmal stimmte alles: Jakob Werlin, der im flachen Norden und im grauen Ruhrgebiet vermutlich keine großen Heimatgefühle entwickelte, war wieder in München, wo er während des Krieges schon einmal eine Wohnadresse hatte, nahe den Bergen, nahe Österreich, auch sprachlich näher an seinen Ursprüngen. München, die „leuchtende Stadt“, allerdings auch die Stadt zahlreicher politischer Unruhen. Hier wurde ihm die Leitung der Verkaufsniederlassung von Benz & Cie anvertraut, der Mannheimer Automobilfabrik, der ältesten neben Daimler in Stuttgart.

Die Kündigung bei Hansa-Lloyd war für Werlin zum Karriereschritt geworden.

Das Kundenpotential in München war groß, bedingt durch die Größe der Stadt und ihren Einzugsbereich, aber auch durch eine breite Mittel- und Oberschicht, für die die teils eleganten, aber auch soliden und leistungsfähigen Benz-Fahrzeuge attraktiv waren.

1924 legten Benz und Daimler ihre Verkaufsaktivitäten zusammen. Die Verkaufsniederlassung mit Reparaturwerkstatt in München wuchs auf rund einhundert Mitarbeiter. Werlin, der schon für Puch an Ausstellungsständen um Kunden geworben hatte, der in Budapest und Essen das Verkaufsgeschäft gründlich gelernt hatte und große Erfahrungen mit den Produkten, aber auch mit der Verkaufsorganisation und den Kunden gesammelt hatte, verwaltete nicht etwa nur seine Niederlassung, er brachte seine Erfahrungen ein und baute sein Netzwerk in München auf. Mit der Niederlassung zog er mehrfach um, mietete zusätzliche Ausstellungsräume. Auf Versammlungen der Vertragshändler machte er Vorschläge zur Verkaufsorganisation. Die Verkaufsniederlassung war erfolgreich, und so war es auch ihr Leiter Jakob Werlin, mit einem guten Standing zunächst beim Benz-Vorstand in Mannheim wie auch dann in der Daimler-Benz-Zentrale in Untertürkheim.

Was Jakob Werlin damit zu tun hatte, dass Adolf Hitler fast drei Monate länger Häftling in Landsberg blieb

Genau in dieser Zeit saß im Gefängnis in Landsberg ein Häftling, der sich anschickte, die Welt auf den Kopf zu stellen. Der Gefangene Hitler arbeitete an „Mein Kampf", schrieb und bekam jede Menge Briefe, die Besucher gaben sich im Gefängnis die Klinke in die Hand, um – ohne jede Überwachung – mit Hitler zu sprechen. Auch die anderen Inhaftierten des Putschversuchs vom 9. November 1923 konnten sich jederzeit mit Hitler austauschen und gleiche Privilegien genießen. Sie waren Vorzugshäftlinge in einem Gefängnis für Täter mit „ehrenhaften", sprich nationalistischen Motiven. Das Gefängnis als „Festung Landsberg" oder „Feste" zu bezeichnen war eine Dramatisierung, in Wirklichkeit war es eine eher moderne Haftanstalt – mit einem Hitler gewogenen Gefängnisleiter.

Am 1. Oktober 1924 sollte der mustergültige Häftling Adolf Hitler vorzeitig entlassen werden. Alles war bereits geregelt, als der Sohn eines seiner Mitputschisten in München mit mehreren Briefen in der Hand angehalten wurde, die das Gefängnis nicht auf dem ordnungsgemäßen Weg verlassen hatten. Einer der Briefe war an Jakob Werlin gerichtet, als Absender war zur Tarnung die Frau eines Mithäftlings vermerkt, doch der Inhalt war von Hitler. Es ging um sein Lieblingsthema Autos, einen grauen Benz, der im Verkaufsraum der Niederlassung stand und den Hitler unbedingt gleich nach der Entlassung übernehmen wollte. Chauffieren konnte er den Wagen nicht, aber es gab in seinem Umfeld genug Fahrkundige, die bereit waren, ihm zu Diensten zu stehen.

Hitler hatte natürlich kein Geld, solch einen Wagen zu erwerben, aber er war von großen Verkaufserlösen seines kommenden Buches überzeugt und versprach Werlin, dass er die Bezahlung damit würde realisieren können. Über die Konditionen rang er gleichwohl hartnäckig, und anscheinend hatte Werlin ihm versprochen, dass er dies bei einem Besuch in der Benz-Zentrale in Mannheim ansprechen könne.

Warum hat Hitler nicht den legalen Postweg genutzt? Die Postzensur, soweit sie überhaupt ausgeübt wurde, wäre kein Problem für den Versand gewesen.

Die Geschichte mit dem herausgeschmuggelten Brief kochte hoch, dennoch stand für das zuständige Münchner Gericht der Entlassung des Musterhäftlings nichts im Wege. Aber die Staatsanwaltschaft hatte Beschwerde eingelegt, und zwei Tage vor der geplanten Entlassung kam das „Nein". Den grauen Benz konnte Hitler nun vergessen, er wurde anderweitig und sicher zu besseren Konditionen verkauft.

So musste er bis zum 20. Dezember 1924 auf seine Entlassung warten. Ein berühmtes Bild zeigt ihn in Uniform mit ernst-aggressivem Blick angeblich vor dem Gefängnistor der „Festung" Landsberg, in Wirklichkeit aber vor einem martialischen Stadttor von Landsberg. Das Foto hatte sein Fotograf Heinrich Hoffmann geschossen, möglicherweise gar nicht am Entlassungstag. Hoffmann war bei der Abholung des Haftentlassenen dabei, ebenso wie der Druckereibesitzer Adolf Möller, mit dessen Fahrzeug Hitler zur Heimfahrt nach München abgeholt wurde, und nicht mit einem von der Firma Benz oder von Jakob Werlin gestellten Fahrzeug, wie oft geschrieben wird.

Dennoch heißt es, Werlin sei dabei gewesen. Werlins Söhne haben dies mehr als sechzig Jahre später bestritten. Wahrscheinlich hätte er gar nicht mehr ins Auto gepasst: Der aus der „Festungshaft" entlassene Häftling Hitler führte so viele Kisten mit Büchern und Gegenständen mit, dass nicht alles an diesem Tag eingeladen werden konnte.

Ein Benz für Hitler

Autos haben Hitler fasziniert und werden in seinem Leben eine große Rolle spielen, sei es als Transportmittel, als Propagandainstrument, im Rahmen seiner Industriestrategie oder als Teil seiner Idee vom deutschen Volk.

Nicht verwunderlich also, dass Hitler schon während seiner Haft neben der Abfassung seines Machwerks „Mein Kampf" die Frage umtreibt, welches Fahrzeug er nach seiner Entlassung fahren möchte. Sein aktuelles Fahrzeug zur Zeit des Putsches, ein Benz 10/30, war beschlagnahmt worden. Anders als in den Jahren vor 1923 kann er allerdings nicht in die Parteikasse greifen, um das nächste Auto zu finanzieren, denn die Partei ist aufgelöst, verboten.

Seinen Benz 10/30 hatte er von Jakob Werlin gekauft, Leiter der Benzgarage in der Schellingstraße in München. Im gleichen Gebäude wurde der „Völkische Beobachter" hergestellt, in der Druckerei von Adolf Möller.

Wir können uns vorstellen, wie Hitler, nach einem Besuch in der Druckerei, unten in den Verkaufsräumen vorbeischaut und mit Werlin über die schönen ausgestellten Fahrzeuge spricht. Den 10/30 hatte er als Ersatz seines bisherigen Selve gekauft, eines Fahrzeugs des sauerländischen Fahrzeugbauers Walther von Selve. Hitler hat dann aber schon kurz nach Erwerb des Benz 10/30 gehadert, ob er nicht das größere Modell hätte bestellen sollen.

Zumindest das gemeinsame Interesse an Autos verband Werlin und Hitler. Ob damals schon politische Sympathien auf Werlins Seite eine Rolle spielten, wissen wir nicht. Beide waren zudem Landsleute der Herkunft nach, Österreicher.

Das Band hielt jedenfalls über die Verurteilung des Putschisten Hitler hinaus, ein Putsch, der am Abend des 8. November im Bürgerbräukeller etwas Operettenhaftes gehabt haben mag, der aber am nächsten Tag vier Polizisten, 15 Putschisten und einem Schaulustigen das Leben kostete.

Jakob Werlin war einer aus dem großen Besucherstrom, der Hitler in Landsberg seine Aufwartung machte, er besuchte ihn am 12. September 1924. Über welche Themen sie auch immer geredet haben mögen, im Brief, den Hitler am 13. September 1924 an Werlin schreibt, geht es nur um Autos. Offenbar steht im Verkaufsraum der schon erwähnte graue 16/50, ein größeres, stärkeres Fahrzeug als sein beschlagnahmter 10/30. Der ist teuer, teurer als z.B. ein 11/40, der, so Hitler, „den augenblicklichen Bedürfnissen entsprechen würde". Aber gibt es den überhaupt in grau und auch mit Drahtspeichenrädern? Und dann lässt Hitler auch den Technikaffinen, als den er sich gerne stilisiert, sprechen: Der 11/40 hat eine maximale Drehzahl von 2250, 300 mehr als der größere 16/50, und was bedeutet das für die Haltbarkeit?

Und schließlich das Problem der Bezahlung: Wenn er am 1. Oktober 1924 entlassen würde – wir wissen, dass es wegen dieses Briefes nicht dazu kommt –, dann hätte er wohl frühestens Mitte Dezember Geld für „Mein Kampf" zu erwarten, das heißt, er bräuchte ein Darlehen oder einen Vorschuss, und Werlin möge eruieren, welche Ermäßigungen für ihn möglich seien. Er erwähnt, dass ihm auch wegen der von ihm zu bezahlenden Gerichts- und Prozesskosten „die Haare zu Berge steigen". Dennoch: den grauen Wagen aus dem Schauraum möge Werlin ihm auf jeden Fall erst mal reservieren.

Hitler schließt seinen Brief „recht herzlich" und verbleibt „Ihr sehr ergebener Adolf Hitler". Nach der Entlassung kauft er einen Benz 16/50, und viele weitere Mercedes-Benz werden folgen. Sein Autoverkäufer ist Jakob Werlin.

Die Tänzerin – Friderica Derra de Moroda

Die frühe Bekanntschaft und beginnende Freundschaft mit Hitler steht immer im Fokus, wenn Jakob Werlin in einer Abhandlung zum Automobil Erwähnung findet. Aber sein in München geknüpftes Netzwerk umfasste auch weitere interessante Personen. Eine ist die Tänzerin Friderica Derra de Moroda.

Wo und wann er sie genau kennengelernt hat, wissen wir nicht. Die 1897 geborene Balletttänzerin hat ungarische und griechische Wurzeln, ist Ballettmeisterin, Choreographin, aber auch Forscherin und Sammlerin zum klassischen und modernen Ballett. Ihren Lebensmittelpunkt verlagerte sie nach London, aber Salzburg war ein Ort für Auftritte in den zwanziger Jahren und auch der Wohnort ihrer Schwester. Und vermutlich war diese Schwester, Minka, die Verbindung, über die sich Werlin und Friderica Derra de Moroda begegnet sind. Minka, eine Sängerin, war mit Ludwig Schmederer verheiratet, schwerreicher Eigentümer der Paulaner-Brauerei in München und „König von Parsch“, dem Salzburger Ortsteil, in dem er die Villa Schmederer baute und dort Hof hielt, auch mit vielen Gästen aus der Münchner Gesellschaft. Wir dürfen auch Jakob Werlin als Gast vermuten, nicht zuletzt deshalb, weil der Leiter der Münchner Verkaufsniederlassung von Daimler-Benz sicher auch selbst mit der Betreuung des LKW-Großkunden Paulaner-Brauerei befasst war. Zu Schmederers Bekannten wiederum zählte Richard Wagner, sie kannten sich von der Studentenverbindung Suevia in München. Auch Werlin wird später häufig bei den Festspielen in Bayreuth sein, als Teil des Hitlerschen „Hofstaats“, vielleicht auch schon vorher inspiriert durch die Sängerin Minka de Moroda.

Auf jeden Fall waren Jakob Werlin und Friderica Derra de Moroda so eng befreundet, dass die Verbindung nicht abriss.

1941 wird die Geschichte der Friderica Derra de Moroda, der Tänzerin mit internationalen Wurzeln, mit inzwischen englischer Staatsbürgerschaft, mit Engagements in London, Salzburg, aber auch mit einer Tournee durch Südafrika, eine bizarre Wendung nehmen.

Sie wohnte offenbar häufig in Salzburg, durfte als englische Staatsbürgerin im Deutschen Reich und seinen Erweiterungen aber nicht auftreten. Jakob Werlin war um diese Zeit, kurz vor Beginn des Zweiten Weltkrieges, mit Robert Ley, dem alkoholsüchtigen Leiter der Deutschen Arbeitsfront, der „Nachfolgeorganisation“ der Gewerkschaften, und mit dessen kulturellem Emissär Bodo Lafferentz in Sachen Volkswagen in Kontakt. Robert

Friderica Derra de Moroda (rechts) mit ihrer Schwester Minka.

Ley hatte im Rahmen seiner kulturellen Aktivitäten beschlossen, eine Ballettcompagnie zu etablieren. Und Jakob Werlin, der über Derra de Morodas Aufenthalt in Salzburg Bescheid wusste, empfahl sie wohl für diese Aufgabe, auf jeden Fall war er derjenige, der wusste, wo sie zu erreichen war.

Sie sagte zu, und in den nächsten Jahren baute sie das „Reichsballett KdF“ (Kraft durch Freude) auf und ging mit diesem Ballett in den Opernhäusern, aber auch Mehrzweckhallen und Betrieben des Reiches ein und aus.

Natürlich war es für Ley irritierend, dass seine Balletttruppe von einer Engländerin geleitet wurde. Auch seine Ansichten, was Ballett leisten sollte, waren sehr verschieden von dem, was Derra de Moroda machte: „Der Tanz“, so Ley, „ist für die Frauen da“, und „wenn der Mann es dem Weibe im Tanz gleich tun will, wirkt er weibisch...“. Das Ballett solle keine Geschichten erzählen, keine Gedanken zum Ausdruck bringen, es möge vielmehr Ausdruck der Freude und Leidenschaft sein. Und Derra de Moroda passte folgsam ihr Programm an, vielleicht nicht mit den gewünschten, eher einfachen Vergnügungen, aber doch ein Stück weg von den inhaltsreichen, sehr anspruchsvollen Programmen. Als Hitler eines Tages eine Vorstellung besucht, ist es Derra de Moroda ein dringendes Anliegen, in dieser Vorstellung auch selbst zu tanzen. Und es wurde gemunkelt, sie habe einen Liebhaber in höheren NS-Kreisen, der aber in den frühen Tagen des Krieges gefallen sei und für den sie eine ganze Zeitlang danach schwarz trug. Ihre Tänzer nahm sie gegen die Bedrohungen des Regimes, insbesondere die Einberufung, in Schutz, einen Tänzer hatte sie sogar aus der Front wieder befreien können für ihre Compagnie.

Im „Totalen Krieg“ 1944 war für Ballett dann endgültig kein Platz mehr, und Derra de Moroda drohte als Engländerin die Internierung. Jakob Werlin schrieb an den Reichsführer SS Heinrich Himmler und schlug vor, ihr die deutsche Staatsangehörigkeit zu verleihen. Himmler gab eine vernichtende Antwort dazu: er wirft der Tänzerin und Compagnieleiterin ihre von seinen SS-Personalbürokraten sorgfältig recherchierte Herkunft vor, betont, dass sie im Tanzleben Englands eine große Rolle spiele. Das Sammeln von Büchern und Unterlagen zum Tanz und das Mitnehmen dieser Funde nach England wird gerügt und schließlich sei sie mit „allen Juden und Deutschenhassern" im „Ballroom-Komitee". Auch wolle sie beim Erwerb der deutschen Staatsbürgerschaft nicht auf ihre englische Staatsbürgerschaft verzichten.

Himmler bringt sein völliges Unverständnis für Werlins Einsatz zum Ausdruck und lässt die Ballettkünstlerin als Antwort auf die Intervention Werlins am Bodensee internieren. Werlin beauftragt seine Sekretärin Gertrud Bader, Derra de Moroda zu besuchen, was ihr aber nicht gelingt. Sie telefoniert mit ihr, kann ihr auch Grüße von Morodas Mutter mitteilen. Tatsächlich gestaltete sich Derra de Morodas Internierung nicht als harte Gefangenschaft, sie hatte Bücher zur Ballettforschung zur Verfügung, konnte arbeiten.

Später, 1947, wird sich Derra de Moroda bei Werlin bedanken, mit einem Schreiben für Werlins Spruchkammerverfahren, in dem sie betont, dass Werlin sich nie politisch betätigt habe, immer und vor allem ein Autofachmann gewesen sei. Vielleicht hat sie dabei auch ein wenig an sich gedacht: Wer als Fachfrau nur für die Kunst und den Tanz gelebt hat, kann ja nichts falsch gemacht haben, oder?

Werlins Roaring Twenties

Das rauschende Münchener Nachtleben war vermutlich weniger das Terrain des bodenständigen Familienmenschen Werlin. „Roaring" sind bei ihm Motoren. Auch bei Benz & Cie. fährt Werlin weiter Rennen, Zuverlässigkeitsfahrten, Autoturniere. 1924 gewinnt er eine Plakette auf der Fahrt des Bayerischen Automobilclubs, 1925 belegt er auf den Zwischenprüfungen der Österreichischen Alpenfahrt, eines der sehr schwierigen Rennen, einen 6., einen 7. und einen 11. Platz.

1925 nimmt er am Automobilturnier in Baden-Baden teil und an der damit verbundenen Robert-Batschari-Fahrt. Automobilturnier klingt eher beschaulich, aber tatsächlich waren das knallharte Rennveranstaltungen.

Zwar gab es die unvermeidlichen Schönheitskonkurrenzen, die Parade besonders schöner, eleganter Fahrzeuge mit Bewertungsjury – Werlins Frau Eglantine gewinnt bei einer solchen Veranstaltung in Garmisch-Partenkirchen einen „Damen-Preis" –, aber das war nur Begleitprogramm für die mehrtägigen Rennen, die erfolgreiche Fahrer wie Rudolf Caracciola oder den badischen Rennfahrer Karl „Charlie" Kappler anzogen. Und eben auch Jakob Werlin, der in diesem Jahr immerhin einen Ehrenpreis gewinnen konnte.

Über die zweite Hälfte der zwanziger Jahre, nunmehr bei der fusionierten Daimler-Benz AG, finden wir keine Details über Werlins Renn-Aktivitäten. Der Rennwagenkonstrukteur bei Daimler-Benz war damals Ferdinand Porsche, und sein Sekretär Ghislaine Kaes listet viele Jahre später auf, wer alles Porsches Mercedes-Benz-Rennwagen gefahren ist:

Klingende Namen stehen dort wie Rudolf Caracciola, Christian Lautenschlager, Adolf Rosenberger, Alfred Neubauer, dann Daimler-Benz-Führungskräfte wie Hans Nibel und Fritz Nallinger und auch Jakob Werlin. Kaes schließt seine Liste mit den Worten: „Das waren sie, die damals 1923 bis 1928 Porsches Pferde in Wettbewerben ritten."

Der Unfall

Fünf Männer sitzen im Fahrzeug. Das Fahrzeug ist neu, ein Firmenwagen von Daimler-Benz mit Probefahrtkennzeichen. Die Männer fahren von München nach Stuttgart.

In der Nähe von Göppingen, schon in Richtung Ortsausfahrt, passiert es: Hinter einem auf der linken Seite geparkten Auto taucht ein kleines Mädchen auf und rennt über die Straße. Jakob Werlin, am Steuer, bremst, weicht nach rechts aus auf den Bürgersteig, aber es hilft nichts. Das siebenjährige Mädchen wird vom Wagen gerammt. Mit gebrochenem Unterschenkel und einer blutenden Kopfwunde („bis auf die Schädeldecke") wird es ins Krankenhaus gebracht.

Das Amtsgericht Göppingen schätzt das Geschehene als unabwendbar ein, Werlin habe nichts falsch gemacht. Die Staatsanwaltschaft sieht das anders, und so ist das Landgericht Ulm am Zug. Am 20. Februar 1932 verurteilt die Strafkammer Werlin zu einer Geldbuße von 30 Reichsmark. Werlin hätte angesichts des sichtbehindernd geparkten Fahrzeugs auf der Gegenseite so fahren müssen, dass er jederzeit bei einer auftauchenden Gefahrenlage rechtzeitig zum Stillstand hätte bremsen können. Die erforderliche Sorgfalt war nicht eingehalten.

Er war zu schnell unterwegs. Wir dürfen ihm, dem Rennfahrer, unterstellen, bei dieser Probefahrt nicht im gemütlichem Sonntagsausflugmodus unterwegs gewesen zu sein. Vier Kollegen an Bord, vier „Car Guys", da dürfen wir ein bisschen Gockelgehabe mit ordentlich gedrücktem Gaspedal erwarten.

Das Gericht weist daraufhin, dass dies nicht das erste Mal war. Schon 1928 war Werlin wegen eines ähnlichen Vorfalls verurteilt worden.

Und auch Joseph Goebbels Tagebuch gibt einen Hinweis. Für den 7. August 1933 ist dort zu lesen: „Ab nach München (…) Werlin fährt uns. (…) Heiße Fahrt. Beinahe Radler totgefahren. Werlin sehr gegenwärtig."

Der Rauswurf

Auf dem Stuttgarter Killesberg steht in bester Lage am Feuerbacher Weg eine schöne weiße Landhausvilla, mit leichter, südlich-ländlicher Anmutung, mit angrenzender großer Garage im gleichen Stil und einer dazu gehörenden Werkstatt.

Die Villa hatte sich Ferdinand Porsche u.a. vom Stuttgarter Bahnhofsarchitekten Paul Bonatz entwerfen lassen. Als er sie bauen ließ, war Porsche noch Entwicklungsleiter und Vorstandsmitglied bei Daimler Benz, eine seiner Stationen in der Automobilindustrie nach Lohner, Austro Daimler, später noch Steyr Werke AG. Die Villa war nicht Symbol großbürgerlicher Repräsentation, das lag Porsche fern. Der Stuttgarter Kulturbetrieb und die städtische Gesellschaft waren nicht seine Sache. Die Villa war sein Familienwohnsitz, für mehrere Generationen der Porsches und auch der angeheirateten Piechs. Als solcher Wohnsitz war sie ihm sehr wichtig, und als Schulden einmal beinahe dazu führten, dass er das Anwesen hätte aufgeben müssen, setzte er alles daran, dies zu verhindern – und es gelang ihm.

1932 hielt ein abendlicher Besucher vor der Villa: Jakob Werlin. Werlin und Porsche kannten sich schon länger, bei einem Rennen auf der Solitude bei Stuttgart hatte Werlin den Konstrukteur Porsche seinem Freund Adolf Hitler vorgestellt. An diesem Abend war Werlin aber nicht zu einem gesellschaftlichen Small Talk gekommen, was Porsche ohnehin nicht goutiert hätte. Vielmehr war Werlin erschüttert, fast verzweifelt: Die Daimler Benz AG hatte ihn entlassen. Hintergrund war offenbar die seit 1923 nie abgerissene Bekanntschaft von Werlin mit Hitler, der Werlin als Berater, aber auch als Beschwerdeempfänger nutzte, wenn ihm etwas an seinen Autos nicht passte. Und obwohl Werlin noch nicht Parteimitglied war, war seine Nähe zu den Nationalsozialisten bekannt, vielleicht hatte er sich auch eindeutig geäußert, obwohl solche Bekenntnisse nicht überliefert sind. Werlin wird sich später auch gegen die Behauptung wehren, dass er schon damals bei Parteiveranstaltungen, Aufmärschen etc. dabei war. Das mag aber auch der Strategie nach Kriegsende geschuldet sein, alles abzustreiten, was nicht unmittelbar mit Dokumenten nachzuweisen war. Das Unternehmen jedenfalls fürchtete, ein bekennender Nationalsozialist und bekannter Freund Adolf Hitlers könnte als Verkaufsleiter einer der größten Niederlassungen das Geschäft schädigen. Der Vorstandsvorsitzende Kissel hielt ihm den Verlust von bürgerlichen Kunden in München wegen Werlins Nähe zu den Nationalsozialisten konkret vor.

Werlin, der als Junge aus armer Familie zum wichtigen Mitarbeiter und Niederlassungsleiter beim Pionier Johann Puch wurde, der erfolgreich die Daimler-Benz-Niederlassung in München leitete, dieser Jakob Werlin stand auf einmal „praktisch auf der Straße", wie er den Porsches sagte. Ein Rauswurf aus der renommierten Daimler-Benz AG, dazu noch in wirtschaftlich schwierigen Zeiten, das ließ nichts Gutes für die Zukunft hoffen.

Der gewiefte Verkaufsleiter und Freund Adolf Hitlers stand in seiner Lebensmitte vor den Scherben seiner Karriere.

Dass es unerwartet noch besser als vorher weitergehen würde, konnte er an diesem Abend nicht ahnen.

Direktor Werlin, Mitglied des Vorstands der Daimler-Benz AG

Hochgepokert und gewonnen

1933! Was für eine Wende! Adolf Hitler ist an der Macht: Vorstand und Aufsichtsrat von Daimler-Benz möchten einen guten Draht zum neuen Regime und besinnen sich auf ihren gerade geschassten Leiter der Münchner Niederlassung. Sie geben ihm die offizielle Position eines Verbindungsmannes zu Partei und Regierung und sagen ihm die Ernennung zum Prokuristen zu, hohes Gehalt inklusive. Auch die weitere Leitung der Niederlassung München gehört zum Paket. Aber das reicht Jakob Werlin jetzt nicht mehr. Er spürt, dass er mit seiner innigen Beziehung zu den Nationalsozialisten und zum Reichskanzler einen Hebel in der Hand hat, der noch etwas mehr Druck aushält. Er setzt alles auf eine Karte: Er will gleichberechtigtes Mitglied im Vorstand werden! Und er übt schon mal mit einem Instrument, mit dem er in den kommenden Jahren zwar viele verärgert, das aber in der Regel zum Ziel führt: Er droht mit Hitler bzw. „entscheidenden Stellen" – und er bekommt, was er will: Am 24. November 1933 beruft ihn der Aufsichtsrat zum Vorstandsmitglied.

Schon vor dieser Entscheidung hat Werlin losgelegt: In einem Schreiben vom 18. Juli 1933 berichtet er von seinen Aktivitäten in Berlin, Nürnberg und München: Es geht um Mercedes-Benz-Käufe der verschiedensten Amtsträger der Regierung, von Parteigrößen und Parteiorganisationen, und es geht dabei um eine Menge Fahrzeuge. Besucht hat er neben vielen anderen Goebbels in Berlin, Streicher in Nürnberg, Wagner in München. Nichts zu machen war beim Vizekanzler von Papen, der einen Horch bevorzugte. Er wollte nicht die gleiche Marke wie Hitler fahren.

Hitler und die NSDAP waren zwar wichtige, aber keine einfachen Kunden. Schon in den zwanziger Jahren schrieb Hitler einen seitenlangen Brief an den Vorstand wegen Lieferzeiten und Standzeiten in der Werkstatt. 1932 beschwert er sich massiv über die Karosserie des an Goebbels gelieferten Fahrzeugs – später wird er behaupten, mit seinen Anregungen das Design der Mercedes-Benz-Fahrzeuge mitgestaltet zu haben. Dennoch ist auch Werlins Vorstandsvorsitzender Kissel der Meinung, dass es den Aufwand lohnt, im Gespräch zu bleiben. Im Schreiben vom 18. Mai 1932, in dem er noch Werlin rügt, dass die Geschäfte in Bayern unter Werlins SA-Zugehörigkeit (ein nicht zutreffender Vorwurf) litten, bittet er Werlin, Hitler auszurichten, dass er sich auch in Zukunft auf Daimler-Benz verlassen könne. Die Haltung der Firma zu den Nationalsozialisten scheint noch etwas schwankend.

Im November 1933 verfasst Werlin einen weiteren Bericht für den Vorstand, und dort mag sich der eine oder andere gefragt haben, ob die Idee mit dem Verbindungsmann so glücklich war, auch wenn man natürlich einen großen Verkaufs- und Werbeerfolg verzeichnen konnte. Jetzt nämlich beginnt sich Hitler über Werlin in die Unternehmensentscheidungen der Daimler-Benz AG einzumischen, fordert, dass die neuen Mercedes-Benz-Rennwagen W25 (Silberpfeile) nur von deutschen Fahrern gefahren werden sollten, was z.B. die Verpflichtung des sehr erfolgreichen italienischen Fahrers Luigi Fagioli unmöglich gemacht hätte. Hier allerdings setzte sich Hitler nicht durch. Werlin berichtet weiter, dass der Reichskanzler sich erkundigt hätte, wie weit die Arbeiten am geländegängigen 5-Liter-Personenwagen seien und dass er möglichst unter 20.000 Reichsmark kosten solle.

Wer glaubt, Werlin sei jetzt mit seiner einflussreichen Rolle zufrieden und am Ziel seiner Träume, wird eines Besseren belehrt. Er pocht auf echte Einbindung in den Vorstand, auf komplette Informationen, aber er will noch mehr: Er will für das gesamte Behördengeschäft und insbesondere das Militärgeschäft zuständig sein. Doch hier erreicht Werlin nicht, was er anstrebt: weder in der Geschäftsordnung von 1934 werden ihm die Beziehungen zu Reichswehr, Reichsluftfahrtministerium und Auswärtigem Amt übertragen noch ist ein erneuter Vorstoß 1938 von Erfolg gekrönt.

Die Positionen, die Werlin an sich reißen wollte, sind besetzt, und es ist eine ganz besondere Thematik, in die er einsteigen wollte: Technik, Politik, staatliche Bürokratie und Produktionserfahrung spielen eine große Rolle. Und es bleibt wohl im Vorstand und im Aufsichtsrat ein Zweifel an Werlins Loyalität: Immerhin hat er seine Stellung im Vorstand durch die Drohung mit seinen Beziehungen ertrotzt, und seine schon 1934 intensive Befassung mit dem Volkswagentraum Hitlers entspricht keineswegs den Vorstellungen der Automobilindustrie in Deutschland und den Interessen von Daimler-Benz.

Aber schon im November 1933 wird Werlins Nutzen in einem für Daimler-Benz sehr wichtigen Thema deutlich: Er berichtet dem Vorstand, dass die Reichswehr das noch stillliegende Werk Berlin-Marienfelde mit Aufträgen umfangreich unterstützen werde. Das Werk wird wiedereröffnet, und der Werkleiter Wolfgang von Hentig berichtet 1934, dass fast alle Kosten für die Wiedereröffnung schon wieder hereingeholt seien. Der erneute Einstieg in das Rüstungsgeschäft gelingt – auch dank Werlins kommunikativen Vorarbeiten.

Tänzer auf vielen Hochzeiten

Mitarbeiter von Großunternehmen und auch Führungskräfte bis in die Vorstandsbereiche hinein leben oft fast isoliert nur in der Welt dieser Unternehmen: lange Arbeitstage, viele, manchmal endlose Besprechungen, bürokratische Abläufe, zahllose Abstimmungen, zu häufig auch detaillierte Sachbearbeitung bei Managern, die diese Detailbefassung ja gerade ihren Mitarbeitern anvertrauen sollten. Wenn sie abends nach Hause kommen, nehmen sie in vielen Fällen ihr Familienleben nur noch zur Kenntnis, ohne viel Anteil daran zu haben, geschweige denn, dass sie eine Rolle als politischer, gesellschaftlicher, kultureller Akteur oder auch nur Konsument in der sie umgebenden Stadtgesellschaft spielen. Viele sind Topverdiener, doch keiner kennt sie außerhalb ihres Spielfeldes.

Manche aber stechen heraus. Sie lassen sich nicht völlig einspannen, verlassen immer wieder das Hamsterrad, haben Funktionen in Vereinen, in der Politik, sind bei Empfängen dabei, bei Ausstellungseröffnungen, Premieren, Presseböllen, und sie haben auch berufliche Netzwerke, die die der anderen weit übersteigen. Wie bekommen sie das hin? Weil sie das Selbstbewusstsein haben, weil sie sich das Engagement „draußen" nicht nehmen lassen, weil sie ihrem Unternehmen seinen Platz und ihre Leistung geben, aber nicht mehr – aber eben auch weil ihnen das Engagement außerhalb ihres Unternehmens Souveränität und Unabhängigkeit verleiht.

Jakob Werlin war ein Meisterspieler auf dieser Klaviatur der Unabhängigkeit von seinen direkten Vorgesetzten, später von seinen Vorstandskollegen. Als Leiter der Verkaufsniederlassung in München gehörte es zu seinen Pflichten, sein Unternehmen in der Gesellschaft zu repräsentieren. Er musste sich sehen lassen, seine Meinung haben und äußern, Kontakte pflegen. Nicht etwa um bei der Vernissage einem geschätzten Besucher ein Auto aufzuschwatzen, nein, er hatte dafür zu sorgen, dass der Mercedes-Stern im Bewusstsein war, dass man beim Thema Auto auf jeden Fall auch an Werlin und Mercedes-Benz dachte, ja, dass man ein gutes, kultiviertes, dynamisches Bild von sich selbst erschaffen konnte, indem man diese Fahrzeuge fuhr.

Und das funktionierte in beiden Richtungen: Eine bekannte Schauspielerin, ein Politiker, die die Marke Mercedes-Benz fuhren, waren ein „Asset“ für das Unternehmen, ein Vorbild für andere, das Fahrzeug wiederum Schmuck und Bestätigung für sie selbst.

Jakob Werlins Fähigkeiten gingen aber über die des erfahrenen Verkaufsrepräsentanten weit hinaus: Er will und wird sich etablieren im Kreis der Akteure der kommenden Zeit, und auch ganz persönlich als Freund im Hofstaat des „Führers“ der Bewegung. Er wird Funktionen für die gesamte Automobilindustrie wahrnehmen und sogar ein Großprojekt gegen die Automobilindustrie mit durchboxen.

Er tanzte damit nicht nur auf einigen Hochzeiten, nein, um im Bild zu bleiben: er hatte auch mehrere Bräute. Und er verstand es oft, im richtigen Moment die richtigen Karten zu spielen, mal für seinen persönlichen Einfluss und Vorteil, aber auch für das Unternehmen oder die Projekte, die er vertrat.

Und wir werden ihm zuschauen in den nächsten Kapiteln, wie er im Spinnennetz leichtfüßig unterwegs war, wie er es sogar gewagt hat, Personen zu unterstützen, die von den Nationalsozialisten verfolgt wurden, wie ihn aber auch seine Unabhängigkeit nicht davor bewahrte, Teil einer Entwicklung zu sein und Dinge an einflussreicher Stelle persönlich mit zu betreiben, die Deutschland und Millionen Menschen in Verderben und Tod führten.

Ein Mann für alle Fälle

England, Italien, Wien, Budapest, Bukarest, Sofia, die Sowjetunion, Polen, Frankreich, Schweiz: Werlin entfaltet in den nächsten Jahren eine intensive Reisetätigkeit für sein Unternehmen. In der Regel waren es wohl Vertriebsaufgaben, die ihn dort hinführten. In einer späteren Stellungnahme wird das Unternehmen ihm bescheinigen, dass er sich bestens mit dem Fahrzeuggeschäft in den Balkanländern auskannte. Auch etwas exotischere Ziele kommen dazu, darunter Kairo. 1937 reist er im Rahmen des Volkswagenprojekts in die USA, mit einer Audienz bei Henry Ford, den er schon 1925 einmal in München getroffen hatte und dem er dort damals ein historisches Benz-Fahrzeug vermittelte.

Und Werlin ist sogar in Finanzthemen unterwegs, 1944 zum Beispiel kümmert er sich um angelegtes Geld des Unternehmens in Zürich.

Immer wieder reist Werlin zwischendurch auch nach Graz und besucht seine Mutter.

Sein normaler Arbeitsalltag war von Reisen geprägt. Jakob Werlin blieb in München wohnen, d.h. er musste zu den Vorstands- oder Aufsichtsratssitzungen nach Stuttgart fahren oder ggf. in ein anderes Werk der Daimler-Benz AG, falls die Sitzung dort stattfand. In Stuttgart übernachtete er dann im „Hospiz Victoria", das ungeachtet seines Namens eines der besten Hotels Stuttgarts war. Natürlich war auch Berlin eines von Werlins häufigen Zielen, sei es, dass er in Regierungskreisen unterwegs war oder in Vertriebsthemen oder auch im Rüstungswerk Berlin-Marienfelde. Als Anlaufadresse gibt er dann jeweils die Adresse der Berliner Verkaufsniederlassung in Charlottenburg am Salzufer an.

Auch die Automobilausstellungen sind Werlins regelmäßiges Auftrittsterrain. Bei den Ausstellungen in Berlin begleitet er Hitler auf dessen Rundgängen. Aber er kann mehr als das: In London bei der Automobilausstellung ist er für Daimler-Benz unverzichtbar, denn er, der sehr schlecht englisch sprach, hatte offenbar dennoch beste Kontakte zur britischen Presse. Und er trat dann auch in die Deutsch-Englische Gesellschaft ein.

Auslandsbezug hat auch ein Auftrag für die gesamte Automobilindustrie: Werlin wird Aufsichtsratsvorsitzender der auf seine Initiative zustande gekommenen Exportgemeinschaft der deutschen Automobilindustrie, eine Art Kartell- und Unterstützungsverein für den Außenhandel, der dem Regime die dringend benötigten Devisen bringt. Nicht alle Automobilfabriken sind dabei. Zwei gemeinsame Auslandsniederlassungen werden in Belgrad und Warschau aufgebaut. Marktbeobachter werden eingestellt, nicht nur in Europa, sondern z.B. auch für Südamerika. Trotz hoher Kredite der Regierung kommt die Exportgemeinschaft nicht in Fahrt und muss liquidiert werden. In der Konkursmasse: Eine Deutschlandkarte, neun Meter hoch und elf Meter breit, zur Nutzung z.B. bei Automobilausstellungen, aber „infolge der durch den Krieg verursachten politischen Neuordnung Europas veraltet."

Die Frage der Versorgung der Parteigrößen und Parteiformationen mit Fahrzeugen begleitet ihn weiter. Welche Konditionen, wie hoch der Rabatt in diesem oder jenem Fall? Und wie geht man damit um, wenn Hitler der Filmkünstlerin Leni Riefenstahl, die ihn und den Nationalsozialismus auf den Parteitagen so spektakulär und pathetisch inszenierte, wenn er die-

Jakob Werlin, Mitte rechts mit Hut und Krawatte, rechts neben ihm Eglantine Werlin, links neben ihm im Rennanzug der Rennfahrer Luigi Fagioli. Coppa Acerbo, Pescara, Italien 1934.

ser Frau nun ein Mercedes Cabriolet schenken will? Werlin war der Meinung, dass man der Schöpferin der „vorzüglichen Aufnahmen", bei denen übrigens auch Mercedes-Benz und der Stern bestens in die schon mythische Verehrung integriert waren, das Fahrzeug umsonst gegen Rückgabe eines älteren Roadsters überlassen sollte. Doch Hitler wollte das Fahrzeug ausdrücklich selbst Fräulein Riefenstahl schenken. Werlin bietet 50 Prozent Nachlass an, aber der „Führer" ist in dieser Frage eigen und zahlt statt des normalen Preises von 13.000 Reichsmark immerhin 10.000 Reichsmark.

Das Thema Prominente und Werlins Spezialgebiet Balkan kommen zusammen, als es Ende August 1943 darum ging, dem bulgarischen König einen neuen Mercedes-Benz zu übergeben. Werlin selbst kann offenbar bei der Übergabe nicht dabei sein, wobei vielleicht politische Gründe eine Rolle spielten: Bulgarien und König Boris III. sind zwar Verbündete der Achsenmächte, doch in zwei Punkten widersetzen sie sich den Ansinnen Deutschlands: Boris weigert sich, der Sowjetunion den Krieg zu erklären, und er weigert sich, nach heftigen Protesten in seinem Land, die bulgarischen Juden zu deportieren. Deshalb lädt Hitler ihn in jenem August 1943 in Berlin vor. Werlin wurde es offenbar zu heikel, dem störrischen Verbündeten die Ehre zu erweisen. Wochen später stirbt König Boris III. bei einer Bergwanderung.

Und wenn wir über Werlin, den Mann für alle Fälle, berichten: Seine Leidenschaft für Autorennen ist ungebrochen. Er fährt nicht mehr selbst, aber wir sehen ihn auf Fotos an den Rennstrecken, den Siegern gratulierend, sich ausgelassen freuend – und auf diesen Bildern sehen wir auch

Eglantine Werlin, mit lachendem Gesicht, vielleicht diese gemeinsame Zeit besonders genießend, denn wann hatte sie ihn schon mal zuhause.

Da passte es nur gut, dass die Autorennen noch einen weiteren Familienbezug hatten: Fritz Werlin, sein 1916 geborener Sohn, ist inzwischen Rennmechaniker im Team des später zur Legende gewordenen Rennleiters Alfred Neubauer, der selbst eine Rennfahrerkarriere hinter sich hatte, allerdings schon in den dreißiger Jahren nicht mehr in einen der Silberpfeile hineingepasst hätte. Fritz Werlin schraubt nicht nur für die Siege, er fotografiert auch, und sein Fotoalbum von der Rennsaison 1934/35, mit fast zweihundert Fotos und Unterschriften von Fahrern wie Caracciola und anderen, wurde 2021 für zwölftausend Euro versteigert.

Vermutlich hat auch der älteste Sohn der Werlins, Willi, einen innigen Bezug zu Daimler-Benz-Produkten: Er ist Fliegerleutnant. Da ein großer Teil der Flugmotoren von Daimler-Benz stammt, hängt sein Leben von der Qualitätsarbeit der Daimler-Benz AG ab.

Daimler-Benz gegen Auto Union: Kampf um Subventionen

Autorennen schaffen Helden, bedienen nationale Gefühle („Deutsche Technik!"), schaffen Identifikationsmomente – kein Zufall, dass Hitler und die Nationalsozialisten sich in Sichtweite der kommenden Macht damit beschäftigten. Hitler spricht mit Rennfahrern und seinem Automobilexperten Jakob Werlin über Massenmotorisierung und über Autorennen.

Aber Rennwagen und der Rennzirkus kosten Geld, sehr viel Geld.

1932, als Daimler-Benz noch seinen mächtigen, fast anderthalb Tonnen schweren SSK in die Rennen schickte, war das neue und künftige Reglement – übrigens unter Beteiligung von Ferdinand Porsche, der in seiner Zeit als Technischer Direktor bei Daimler-Benz den SSK entwickelte – bereits festgelegt: 750 kg Leergewicht. Gut für Porsche, dass das inzwischen gegründete Konstruktionsbüro Porsche GmbH und die ihr zugeordnete Hochleistungs-Fahrzeug-Bau GmbH den Auftrag bekamen, für die Automobilfirma Wanderer ein Rennwagenprojekt für die neue Grand Prix-Formel zu entwickeln. Porsche setzte den Fahrer nach vorne vor einen sechzehnzylindrigen Mittelmotor, ein Konzept, das Porsches Kompagnon Adolf Rosenberger schon 1924 als Rennfahrer in seinem „Tropfen-Benz" kannte und fuhr. Wanderer schwächelte, aber die mit Unterstützung der sächsischen

Landesregierung gegründete Auto Union aus Wanderer, Horch, Audi und DKW übernahm das Konzept.

Am 11. Februar 1933 eröffnet Hitler die Internationale Auto- und Motorradausstellung in Berlin und verspricht, für ein nationales deutsches Rennwagenprojekt staatliche Gelder zur Unterstützung zur Verfügung zu stellen. Daimler-Benz mit seiner langen Renngeschichte geht davon aus, dass das eigene Unternehmen gemeint sei und nur dieses, und reagiert ungehalten, als sich abzeichnet, dass auch Auto Union partizipieren will. Der Daimler-Vorstandsvorsitzende Wilhelm Kissel schreibt Briefe in scharfer Diktion mit kaum verhüllten Angriffen auf den nicht mehr wohlgelittenen Ferdinand Porsche an das Reichsverkehrsministerium. Aber auch Auto Union ist sehr aktiv, schafft es sogar, mit Porsche zusammen einen Termin bei Hitler zu bekommen. Der ist eigentlich auch der Meinung, dass die geplante Subvention nur an „seinen" Automobilhersteller Daimler-Benz gehen solle.

Als sich abzeichnet, dass auch im Verkehrsministerium die Tendenz besteht, sowohl Auto Union als auch Daimler-Benz an der Subvention zu beteiligen, wütet Kissel verbal weiter, wäscht schmutzige Wäsche. Es hilft nichts, der Kuchen wird aufgeteilt, auch wenn Daimler-Benz etwas mehr bekommt als Auto Union.

Natürlich war auch Jakob Werlin „tätig" hinter den Kulissen. Aber anders als sein wütender Vorstandsvorsitzender Kissel hatte er die Ereignisse um die Subventionen aufmerksam bewertet und insbesondere zur Kenntnis genommen, dass Ferdinand Porsche Hitler im persönlichen Gespräch über das Rennwagenprojekt der Auto Union durchaus beeindruckt hatte. Und während sich die Haltung aller anderen Daimler-Benz-Repräsentanten gegenüber Porsche strikt ablehnend bis hin zur Verachtung bewegte, war Werlin wieder einmal „wendig". Schon kurze Zeit später wird er Porsche in Sachen „Volkswagen" einen Auftrag vermitteln, der Porsche zu nachhaltigem Ruhm verhelfen wird.

Nachdem sich die Aufregungen um die große Subvention gelegt haben, kann Werlin 1934 von einer weiteren Unterstützungsleistung berichten, die in einer Sitzung im Reichsverkehrsministerium mit seiner Beteiligung verabredet wurde und eine fast gleichhohe Zahlung an beide Firmen beinhaltete.

Allerdings durfte die Presse von all dem nichts berichten. Und wenn doch, ist Werlin zur Stelle. Die „BZ am Mittag" bekommt alle Anzeigen-

Aufträge auf Geheiß von Werlin gestrichen, weil sie unbotmäßig berichtet hat.

Und als in der „Berner Tagwacht“ von einem anonymen Autor ein Enthüllungsbericht unter dem bezeichnenden Titel „Deutschland, Deutschland über alles! Ein Rennwagen soll Europa erobern“ erschien, da engagiert Werlin den Leiter der Mercedes-Benz Automobil AG in Zürich, um den Schreiber zu entlarven. Doch trotz mehrfachen Briefwechsels konnte dieser nicht dingfest gemacht werden.

Aber der unbekannte Autor hatte recht. Die Subventionen in den Rennbetrieb kamen zwar den Firmen, die hier staatliche Gelder abgriffen, dem Rennzirkus mit Fahrern, Rennställen, Zuschauern zugute, aber all dies diente wieder vor allem dem nationalsozialistischen Mythos von deutscher Technik, deutschen Helden, deutscher Stärke – und allen Beteiligten war dies bewusst. Die ganze Geschichte hat Eberhard Reuß in „Hitlers Rennschlachten“ detail- und umfangreich spannend beschrieben.

Werlin war im Kampf um die Subventionen nicht zum ersten Mal Lobbyist, Netzwerker und Funktionär, der sich nicht scheut, die Finger dreckig zu machen, und gleichzeitig derjenige, der den Spagat meistert zwischen seinem Unternehmen, den Wünschen und Erwartungen seines Freundes, des „Führers“, und denen der anderen Protagonisten, die ihrerseits Trümpfe aufzuweisen hatten. Der Unterschied des taktierenden Werlin zu seinem mit Tunnelblick attackierenden Vorstandskollegen Kissel ist nur zu deutlich, aber – wir werden sehen – auch Kissel ist mit Werlins Hilfe lernfähig im Geschäft des politischen Taktierens.

Heikle Themen

Der Vorstandsvorsitzende Wilhelm Kissel ist NSDAP- und SS-Mitglied geworden, auf Betriebsfeiern, in der Lehrlingswerkstatt und auf Betriebsversammlungen wehen die Hakenkreuzfahnen mindestens so prominent wie die Fahnen mit dem Dreizack. Kissel ergeht sich in Lobeshymnen über die Beziehungen zwischen Arbeit und Kapital unter dem Nationalsozialismus: „Der Mensch hat zum Menschen gefunden. Betriebsführer und Arbeiter und die Arbeitskameraden schauen sich frei und froh in die Augen … Der schöne Ausspruch unseres Führers, dass es keinen größeren Adel als den der Arbeit gibt, ist zu wunderbarer Wirklichkeit geworden … freudig schaffende und zufriedene Menschen...“

In diesem Ton geht es noch eine Weile weiter. Der Machtwechsel hat für Daimler-Benz viele positive Seiten. Die Konzentration auf die Mobilitätsthemen durch Steuererleichterungen für Kraftfahrzeuge, Autobahnbau usw. führt – zumindest unterstützend – zum steilen Aufstieg des PKW-Geschäfts. Die Rüstungsaufträge sorgen für dauerhafte Beschäftigung und Erträge – und was Kissel oben so blumig preist, ist nichts anderes als das Lob der Zerschlagung der Gewerkschaften und der Abschaffung der Betriebsräte, die durch die Deutsche Arbeitsfront (DAF) zwar in sozialer Hinsicht zunächst einen Ersatz gefunden haben – aber die Mitsprache in Löhnen, Arbeitszeit und Arbeitsbedingungen ist dahin, die Unternehmer sind Herr im Haus. Auch deshalb werden Kissels Beitritt zur NSDAP viele andere Führungskräfte folgen.

Auf der Ebene der praktischen Arbeit sind aber die Vorstöße der das Unternehmen argwöhnisch beobachtenden großen und kleinen NSDAP-Parteigenossen vor Ort und auch der Einfluss suchenden Deutschen Arbeitsfront höchst unwillkommen.

Die eine oder andere Initiative dieser Vor-Ort-Parteigenossen dürfte auch bei Werlin kein gutes Gefühl hinterlassen haben:

Gustav Röhr, Direktor der PKW-Entwicklung mit vielen Erfahrungen im Automobilbau bis hin zum eigenen kleinen Unternehmen, wäre wohl Mitglied des Vorstands geworden, wenn nicht Hitler persönlich darauf hingewiesen hätte, dass seine Ehefrau Französin ist. Nachdem die militärischen Aufträge für Daimler-Benz zunehmen, ist auch Röhr damit befasst, aber Himmler interveniert gegen diese Einbindung von Röhr – vermutlich auf gezielten Hinweis der NSDAP Stuttgart.

Röhrs Ehefrau will ihrem Mann nicht im Weg stehen, bietet an, Deutschland mit Kind zu verlassen und nach Frankreich zu gehen, wenn sie der Grund für Benachteiligungen und Demütigungen ihres Mannes sei. Röhr sagt, wenn es so weit komme, ginge er mit. Reaktion Himmler: „Da sehen Sie, dass er sofort sein Vaterland im Stich lassen würde."

Frau Röhr wendet sich in einem längeren und fast verzweifelten handschriftlichen Brief an Werlin. Der will mit Himmler reden, aber bevor es dazu kommt, stirbt Gustav Röhr 1937.

Als es Ende 1939 darum geht, dass der Direktor des Rüstungswerks Berlin-Marienfelde, Martin Wilhelm, ebenfalls Mitglied im Vorstand werden soll, scheitert er daran, dass seine Ehefrau Engländerin ist.

Wie wird sich Jakob Werlin, verheiratet mit der Ungarin Eglantine Baronin von Simonyi, zur Personalie Wilhelm am 5. Dezember 1939 in der Vorstandssitzung geäußert haben?

1937 gerät die Verkaufsniederlassung Köln am Hohenzollernring in das Visier der örtlichen Nationalsozialisten. Dort wurde der Mietvertrag für die Räume der Niederlassung gerade verlängert. Vermieter ist der Hauseigentümer Prof. Meirowsky. Meirowsky ist Jude. Die Universität Köln hat ihm schon 1933 die Lehrbefugnis entzogen. Der Leiter der Niederlassung Traut, der zwischen seinen örtlichen NSDAP-Kumpeln und seinem Vorstand hin- und herlaviert, wird ebenso von der örtlichen Parteiorganisation vorgeladen wie sein Stellvertreter Bruno. Dort wird Klartext gesprochen: Jeder Parteigenosse, der „beim Juden kaufe“, werde aus der Partei geworfen, es sei völlig unverständlich, dass Daimler-Benz einem Juden 36.000 Reichsmark im Jahr mietvertraglich zugestehe. NSDAP und auch die Stadtverwaltung würden Daimler-Benz keinen einzigen Auftrag mehr geben und bereits laufende zurückziehen, wenn das Ladenlokal dort nicht aufgegeben würde.

Vorstandsvorsitzender Kissel wendet sich intern an Traut in Köln und an Werlin und beklagt, dass ein neues Verkaufslokal zu erheblichen Mehrkosten führen würde. Diese fiktiven Mehrkosten, die man sich ersparen wolle, könne man ja sozialen Zwecken zuführen. Die anderen „deutschen“ Mieter würden ja auch nicht aus dem Haus ausziehen. Dann schreibt er, dass man über das ganze nur hinwegkommen könne, „wenn das Anwesen dem Juden auf irgendeine Weise abgenommen würde“, es sei unangebracht, dass man „ausgerechnet nun wieder auf uns herumreiten“ würde, „nur deshalb, weil der Besitzer ein Jude sei, und weil die ganze Angelegenheit ja ohnedies durch uns nicht grundsätzlich bereinigt werden kann.“

Daraufhin kündigt Werlin an, dass er in Bälde ein Gespräch mit dem Stellvertreter des „Führers“, Rudolf Heß, haben werde, mit dem er in dieser Angelegenheit grundsätzlich sprechen wolle. Die Zielrichtung des geplanten Gesprächs bleibt im Dunkeln. Die Situation eskaliert weiter. Der Oberbürgermeister der Stadt Köln untersagt es allen Dienststellen der Stadt, Geschäfte mit Daimler-Benz zu machen, die Gauleitung der NSDAP hat dies ohnehin schon für die Partei verfügt.

Der Angriff geht weiter: Der Kölner Gauleiter und der Kölner Oberbürgermeister kündigen u.a. an, dem „Führer“ mitzuteilen, dass die Daimler-Benz-Vorstände Haspel und Hoppe sowie der Mannheimer Werkleiter Werner jüdische Ehefrauen hätten. Es werde erwartet, dass die Zusammensetzung des Vorstands verändert würde, was ohnehin seit 1933 überfällig sei. Werlin nimmt dazu Stellung:

Frau Haspel sei Reichsbürgerin. Hoppe sei schon seit 1925 Mitglied des Vorstands, würde aber nach außen nicht in Erscheinung treten. Gegen Werner sei ein Parteiausschlussverfahren erfolgt. Und: Die Mitglieder des Aufsichtsrats und ihre Ehefrauen seien rein arisch.

Die Lösung erläutert Werlin dem Gauleiter Grohe kurz darauf: Eine Versicherungsgesellschaft werde das Haus kaufen, und dann das Ladenlokal an die Daimler-Benz AG vermieten.

Ob Prof. Meirowsky damit einverstanden war und was für einen Preis er erzielen konnte, ist unbekannt. Die „Arisierungen" waren zwar noch nicht gesetzlich geregelt, aber Meirowsky wäre nicht der erste gewesen, den man zur Aufgabe seines Eigentums zu schlechten Konditionen genötigt hätte.

Ein weiterer Angriff kam von innen: Ein Mitarbeiter namens Braunschweig mit umfangreichen Außenkontakten erzählte überall von der „jüdischen Versippung" des Vorstands und den zwingend notwendigen Änderungen. Diese Initiative von unten stößt der örtlichen NSDAP Stuttgart auf – vermutlich weniger aus inhaltlichen Gründen – und die DAF-Vertreter sind mit einer Entlassung Braunschweigs einverstanden. Im Anschluss daran informiert der Personalleiter Romstedt Jakob Werlin, dass er vorsorglich eine Nachfrage nach eventuellen jüdischen oder ausländischen Ehepartnern in den Personalbogen für Bewerber aufgenommen habe. Werlin ist einverstanden.

Zu den heiklen Themen gehörte auch ein Mann, der sich später in der Bundesrepublik und in der ganzen Automobilindustrie einen hohen Bekanntheitsgrad erwarb: Felix Wankel, ein Techniker und Erfinder, aber auch ein Nationalsozialist mit hohem Engagement in der Jugendarbeit, der im badischen Lahr der innerparteilichen, sozialistischen Opposition angehört, den Parteifunktionären „Bonzentum" vorhält und ein Oppositionsblatt „Notgemeinschaft" gegen die Parteiführung unterstützt. Er wird 1932 aus der Partei ausgeschlossen. Das genügt dem Gauleiter Robert Wagner aber nicht, dem Wankel öffentlich u.a. Korruption vorwarf. Im Februar 1933 wird er verhaftet, bleibt sechs Monate in „Schutzhaft". Werlins Entwicklungskollege Nibel wollte Wankels Expertise für Daimler gewinnen und setzt sich für ihn ein. Und auch Werlin wird wieder beauftragt, Fäden zu spinnen, und die gemeinsame Anstrengung gelingt. Wankel kann das Gefängnis verlassen. Am 29. August 1933 dankt der Aufsichtsratsvorsitzende der Daimler-Benz AG von Stauß in einem Brief an Werlin für dessen Bemühungen in der Angelegenheit Wankel.

Auch wenn Wankels größte Erfindung, sein Kreiskolbenmotor oder „Wankelmotor", den großen Durchbruch letztlich aus verschiedenen technischen Gründen verfehlte, so mangelte es nicht an Versuchen und Anläufen wie dem legendären NSU Ro 80 oder auch den in großer Stückzahl hergestellten Mazda-Sportcoupés mit Rotationskolbenmotor. Und sogar Daimler-Benz stattet 1970 seine Versuchsträger, die orangenen Experimentalsportwagen C 111, zunächst mit Wankelmotoren aus, mit vier Rotoren und 350 PS, gut für eine Spitze von fast 300 km/h. In die Serie schafft es aber auch dieser Motor nicht, genauso wenig wie sein Versuchsträger, der C 111. Daran änderten auch eingehende Blankoschecks begeisterter Kunden nichts.

Auch beim Thema „Gutes tun" kann man sich gehörig vergaloppieren. Am Rande einer Automobilausstellung in Berlin gibt es in einem Bierkeller einen Vorfall, der offenbar einen nicht ganz unbekannten Nationalsozialisten betraf. Was sich genau abspielte, wer die wesentlichen Beteiligten waren, ist nicht überliefert, nur dass der anwesende Werlin sich veranlasst sah, Himmler direkt darüber zu unterrichten. Jedenfalls hatte offenbar der ebenfalls mitzechende badische Rennfahrer Karl „Charlie" Kappler eine gute Rolle bei der Entschärfung der entstandenen Situation gespielt. Werlin kannte Kappler bestens aus der gemeinsamen Zeit als Rennfahrer, vielleicht haben sie sich bei der Robert-Batschari-Fahrt kennengelernt. Ende der dreißiger Jahre saß Karl Kappler dann allerdings im Gefängnis, er hatte viele sehr junge Mädchen fotografiert und auch „verführt", und er war dafür verurteilt worden. Auf Bitte von Kapplers Bruder reichte Werlin bei der Reichskanzlei ein Gnadengesuch für den ehemaligen Rennfahrer-Kollegen ein. Der Chef der Reichskanzlei Lammers informierte Werlin, dass auch einige Verdienste des Häftlings nichts an der grundsätzlichen Schwere seiner Taten änderten und eine Begnadigung nun wirklich nicht in Frage komme.

Werlin hat sich aber nicht nur für Menschen eingesetzt, er konnte auch selbst Menschen Probleme machen: Als das Reichsluftfahrtministerium die Daimler-Benz AG um Einstellung eines staatenlosen Experten und Vertrauten bat und auch der Entwicklungschef Nallinger dies befürwortete, grätschte Werlin dazwischen, der den Betroffenen gar nicht kannte, aber Informationen besaß. Der Mann war vor seiner Staatenlosigkeit Russe gewesen, und seine Frau war wegen Landesverrats zum Tode verurteilt worden – unklar bleibt, ob in der Sowjetunion oder in Deutschland. Diese Einwände brachte Werlin nicht etwa in der Diskussion mit seinen Kollegen, sondern er schrieb kurzerhand einen Ministerialrat im Reichsluftfahrtministerium an. Die Einstellung unterblieb. Eine für Werlin nicht untypische Vorgehensweise. Er hatte kein Problem, sich Durchsetzungskraft von außen zu holen, die eigenen Kollegen zu düpieren. Sein Status bei Hitler machte vieles möglich.

Funktionär, Lobbyist und Publizist

Werlin ist viel beschäftigt, er reist europaweit, er leitet die Verkaufsniederlassung in München, wenn er mal dort ist. Er weilt in Berlin, z.B. zu Gesprächen mit dem Heereswirtschaftsamt, aber rastlose Tätigkeit allein gibt ihm noch keine ausreichende Erfüllung. Er will etwas gelten, er will mitmischen, wenn es um bedeutende Fragen der Automobilindustrie geht.

Die vielleicht ungewöhnlichste Ausprägung für diese Ambitionen ist Werlins publizistisches Engagement. So schreibt er ab 1937 jedes Jahr einen großen Beitrag in der Zeitschrift „Der Vierjahresplan". 1937 heißt sein Beitrag „Vier Jahre Aufbau in der Motorisierung", und er skizziert mit Pathos die schwierige Situation der Automobilindustrie in der Weltwirtschaftskrise und feiert die Erfolge der Nationalsozialisten:

„Und es kam schließlich soweit, dass deutsche Kraftfahrer die ‚billigen' ausländischen Wagen kauften, während an den Toren der Fabriken und auf den Stempelstellen die Funktionäre der KPD standen, die Hass und den Neid predigten."

Alles wurde gut, so Publizist Werlin:

„Heute liegen vier Jahre friedlicher und erfolgreicher Aufbauarbeit hinter uns. Mit grenzenloser Liebe und Vertrauen ist das deutsche Volk dem ‚Führer' gefolgt."

1938 („Fünf Jahre Motorisierung im nationalsozialistischen Deutschland. Ein Rückblick und Ausblick") greift er noch etwas weiter aus, geht auf die Hindernisse ein, die den ersten Automobilisten damals in den Weg gelegt wurden: Carl Benz wurden für seine ersten Ausfahrten mit der Motorkutsche maximal 12 km/h auf freier gerader Strecke und 6 km/h in Kurven vorgeschrieben. Aber auch in diesem Artikel macht er einen Kniefall vor dem „Führer" und bezeichnet dessen Rede am 11. Februar 1933 auf der Automobilausstellung als „wesentliche[n} Markstein in der Entwicklung der deutschen Motorisierung".

1939 („Fortschritte in der Motorisierung") dringt Werlin als Experte der Branche wesentlich tiefer in die Fachthemen ein und bespricht die aktuellen Probleme mit der Rohstoffversorgung. Er nimmt zu Ersatzstoffen Stellung, spricht über die von der Regierung an die Automobilindustrie gerichteten Erwartungen zu Beschränkungen und Vereinfachungen der Typenvielfalt und anderes. Er vergisst nicht, bei den Ersatzrohstoffen darauf hinzuweisen, dass die Thematik eine Initiative Adolf Hitlers persönlich gewesen sei. Und in diesem Artikel nimmt er auch Stellung zu einem Projekt, das er ganz wesentlich mit vorantreibt: „Den Höhepunkt der Motorisierung wird die Schaffung des Volkswagens bringen."

Die Zeitschrift „Der Vierjahresplan" war auf einfachem Papier gedruckt und ohne optischen Reiz. 1940 übernimmt Werlin eine publizistische Aufgabe mit Glamourfaktor. Der Reichsverband der Automobilindustrie (RDA) hatte 1936 mit Blick auf die ausländischen Kunden und den Export eine sehr üppige Zeitschrift auf Hochglanzpapier gestartet: Die „Motorschau". Sie sollte die deutsche Automobilindustrie und ihre Produkte ins beste Licht rücken und die Exportbemühungen unterstützen.

Die Beliebtheit dieser Zeitschrift bei ausländischen Interessenten – sie wurde dort zum Teil sogar kostenlos verteilt – rief mit Kriegsbeginn das Reichspropagandaministerium auf den Plan mit der Forderung, dass sich die „Motorschau" auch politischer Propaganda annehmen möge. Das gefiel dem RDA-Präsidenten Allmers weniger und er wusste, wem er dieses Objekt mit dem neuen Auftrag aufs Auge drücken konnte: Seinem früheren Mitarbeiter bei Hansa-Lloyd Jakob Werlin. Und der akzeptierte. Die Zeitschrift wurde vom RDA auf die staatliche Wirtschaftsgruppe Fahrzeuge übertragen und Werlin wurde ihr „Treuhänder". Jetzt sah man dort auch schöne Fotos von Soldaten mit ihren Fahrzeugen in alpinen Regionen, aber es waren auch ernsthaftere Artikel zur Wehr- und zur Fahrzeugtechnik enthalten. Der Schwerpunkt verlagerte sich von den Fahrzeugen zu den Militärflugzeugen, und man kann sich die Frage stellen, was das in 1943 und 1944 zu bedeuten hatte. Militärflugzeuge wollte man ja zu der Zeit gewiss nicht exportieren, und die PKW-Produktion war zu völligem Stillstand gekommen. Welche Länder bekamen diese Zeitschrift? England wohl kaum, die besetzten Länder? Wollte man den Feind mit Berichten über deutsche Technik beeindrucken oder gar verunsichern? Werlin jedenfalls hatte eine publikumswirksame Herausgeberfunktion, und er schaffte es, diese Wehr- und Autoillustrierte bis September 1944 in Hochglanz am Leben zu halten.

Jakob Werlin betätigt sich auch als Hüter der Automobilgeschichte. Als Daimler-Benz ein Fahrzeugmuseum plant und künftig von allen Modellen ein Exemplar dort aufbewahren will, gelingt es ihm, von den für die „Leibstandarte SS Adolf Hitler" produzierten Fahrzeugen eines für 800 Reichsmark für diesen Zweck zurückzukaufen.

Als in der britischen Zeitung „The Motor" ein Artikel erscheint, dass das erste Benzinfahrzeug von Pierre Ravel, dem Vater des Komponisten, gebaut worden sei, wendet sich Werlin an die Redaktion und präzisiert, dass es sich um einen Dampfmaschinenwagen gehandelt habe, dessen Maschine mit Benzin beheizt worden sei, keineswegs aber um einen Benzinmotor, eine Verbrennungskraftmaschine. Kann ja nicht sein, dass hier ausgerechnet die Engländer am Sockel von Daimler und Benz herumkratzen!

Und was für die Bedeutung und die Würdigung der Geschichte des Autos noch fehlte: ein Ort, an dem alle Vereinigungen wie der DDAC, das Nationalsozialistische Kraftfahrkorps, der RDA, die Wirtschaftsgruppen der Automobilproduktion usw. versammelt wurden! Die Gelegenheit kam mit den größenwahnsinnigen Plänen Hitlers und seines Architekten Speer, fast ganz Berlin umzugestalten. Werlin sprach mit beiden und fand einen Platz für das „Haus der Deutschen Kraftfahrt" direkt dort, wo auch ein überdimensionaler Triumphbogen geplant war. Die 10 bis 20 Millionen Reichsmark für das Gebäude stießen den Beteiligten sauer auf, einige wollten auch gar nicht dort weg, wo sie waren, aber wieder einmal hatte Werlin bei den Gesprächen mit Hitler und Speer Pflöcke eingeschlagen. Das „Haus der Deutschen Kraftfahrt" wurde dann allerdings so wenig in Angriff genommen wie die Umgestaltung Berlins.

Werlin wollte allerdings nicht nur über die gesamte Automobilindustrie Deutschlands schreiben, er wollte auf die Branche insgesamt und auch in andere Unternehmen hineinwirken.

Eine dieser Aktionen betrifft die Ford Motor Company in Köln. Im dortigen Aufsichtsrat erscheint ihm die nationalsozialistische Linie offenbar nicht ausreichend vertreten, und er schlug einen ihm bekannten Ford-Händler und Nationalsozialisten namens Steppacher als Mitglied des Aufsichtsrats vor. Henry Ford wollte aber keinen Händler im Aufsichtsrat, und der Aufsichtsratsvorsitzende Albert, von Werlin offenbar telefonisch rüde angegangen, konnte Werlin auf schönstem Briefpapier mit dem großen geschwungenen Ford-Motor-Company-Schriftzug antworten, dass mit dem Kölner Oberbürgermeister Schmidt doch bereits ein wichtiger Mann der NSDAP im Aufsichtsrat sei. Bemerkenswert ist, dass sich in Werlins Handakte zu diesem Fall eine Notiz findet mit Material, das gegen Albert hätte Verwendung finden können: Ein Sohn des Geheimrats Albert habe ein Volontariat bei einer jüdischen New Yorker Anwaltskanzlei gemacht, die den Reichstagsbrandstifter Lübbe verteidigt hätte. Und als Albert in New York war, sei sein erster Weg in diese Kanzlei gewesen. Außerdem sei er nicht nur Aufsichtsratsvorsitzender bei Ford, sondern gleichzeitig juristischer Berater und habe bei Aufträgen mit Ford über 80.000 Reichsmark verdient. Und schließlich sei er bei der „Verschiebung“ der deutschen Kriegsflotte nach dem ersten Weltkrieg vermutlich mit jüdischen Geschäftspartnern beteiligt gewesen. Werlin hat im vorliegenden Fall diesen „Schmutz“ – im Verständnis der Nationalsozialisten – nicht geworfen. Das Argument mit dem Oberbürgermeister war nicht zu ignorieren – nach der Geschichte um die Kölner Niederlassung schon die zweite unangenehme Begegnung für Werlin mit diesem Mann.

In einem anderen Fall hat Werlin keinerlei Scheu gezeigt, solche Erkenntnisse zu nutzen. Werlin war als Leiter der „Fachgruppe Motoren und Fahrzeuge“ in der „Wirtschaftsgruppe Fahrzeugindustrie“ eingesetzt worden. Bei den Wirtschaftsgruppen handelte es sich um eine zusätzlich aufgesetzte berufsständische Organisation, mit der die Politik die Wirtschaft an die Kandare nehmen wollte, ein riesiger bürokratischer Moloch, an den parallel als Bezirksgruppen auch die früheren Arbeitgeberverbände angeflanscht wurden. Dieses Gebilde kritisierte Werlin sicher zu Recht, aber was ihn mehr störte als die Wirtschaftsgruppen war die Tatsache, dass er nur Leiter einer unteren Gruppe war und nicht der Leiter der Wirtschaftsgruppe selbst. Der hieß Hagemeier, und auch über den hatte Werlin Material gesammelt:

Hagemeier sei ein Protegé des berüchtigten Juden Jakob Goldschmidt, eines einflussreichen Bankiers, der allerdings mit dem Niedergang seiner Danat-Bank, an dem er nicht unschuldig war, seinen Anteil an der nachfolgenden Bankenkrise hatte. Außerdem, so Werlin weiter, sei Hagemeier schon einmal wegen Bilanzfälschung verurteilt worden, und seit einer Sanierung der Adlerwerke in Frankfurt unter seiner Leitung gehörten ihm auf einmal Anteile an dieser Firma in erheblicher Größenordnung.

In einem umfangreichen Briefwechsel mit verschiedenen Stellen versucht Werlin, Hagemeier entfernen zu lassen. In einem Brief fügt er hinzu, dass er jederzeit zur Übernahme von Verantwortung bereit sei. Dass er Hagemeiers Position meint, sagt er nicht direkt, aber anders kann es kaum verstanden werden. Höhepunkt seiner Kampagne ist ein Brief an den persönlichen Adjutanten Görings, in dem Werlin alle Register zieht:

In typischer Werlin-Manier beginnt er damit, dass er das Thema mit Hitler besprochen habe. Dann breitet er das Material über den Fall Hagemeier aus. Er wiederholt seine Kritik am System der Wirtschaftsgruppen mit ihren zahllosen Untergruppen, um dann zu sagen, dass das eigentliche Problem allerdings sei, dass der gewerblichen Wirtschaft jeglicher nationalsozialistische Unterbau fehle. Vielmehr seien in den Gremien noch traditionelle Vertreter ihres Standes zu finden. Nach einigen weiteren Ausführungen in dieser Richtung kommt er zum Schluss und Höhepunkt: „Eine befriedigende Lösung der Wirtschaftsfrage sehe ich nur darin, dass sich Nationalsozialisten und alte Parteigenossen, die durch Kampf geschult sind, unverbildet an die Dinge heranwagen und nicht bei der ersten Schwierigkeit kapitulieren." Abschließend bittet er um einen Gesprächstermin bei Göring.

Will Werlin, der im eigenen Münchner Betrieb die Deutsche Arbeitsfront brüskiert, der in Köln bei der Auseinandersetzung um die Niederlassung zumindest halbherzig versucht hat, die Nationalsozialisten aus der Sache herauszuhalten, jetzt auf einmal die Unternehmen völlig unter die Kontrolle eifernder Parteigenossen stellen? So zumindest der Wortlaut seines Vorstoßes. Aber Werlin will etwas ganz Einfaches: Er will Hagemeier aus der Leitung der Wirtschaftsgruppe Fahrzeugindustrie drängen und selbst den Posten übernehmen. Er ist einer der verdienten Parteigenossen, von denen er redet. Und er will Vorstandsvorsitzender der Daimler-Benz AG werden.

Beim ersten Schritt, nämlich Hagemeier zu verdrängen, scheitert er.

Eine „ungehörige Äußerung" des Vorstandsvorsitzenden

Am 25. Februar 1938 ist Jakob Werlin Teilnehmer einer Unterredung bei Martin Bormann, damals Leiter des Stabs des Stellvertreters des Führers, Rudolf Heß. Dabei geht es um die Einstellung und Gesinnung des Daimler-Benz-Vorstandsvorsitzenden Dr. e.h. Wilhelm Kissel, um seine frühere Haltung zur NSDAP. Wer diese Unterredung veranlasst hat, wer dieses Thema hochgebracht hat, wissen wir nicht. Vielleicht war es Werlin selbst. Auf jeden Fall schien ihm dieses Gespräch eine gute Basis und gegebenenfalls Rückversicherung für seinen nächsten Schritt zu sein.

Am gleichen Tag diktiert er einen Brief an den Aufsichtsratsvorsitzenden Dr. Emil Georg von Stauß und greift Kissel darin massiv an. Stein des Anstoßes und willkommener Vorwand für Werlin ist eine Äußerung von Kissel in der Präsidialsitzung des Aufsichtsrats, eine – so Werlin – „ganz ungehörige Äußerung", dass er, Werlin, seine Stellung bei Adolf Hitler der Daimler-Benz AG zu verdanken hätte.

Und Werlin öffnet seine Werkzeugkiste der politischen Denunziation: Kissel habe vor 1933 zu den „größten Unterdrückern" der Nationalsozialisten gehört. Seine Mitgliedschaften seien nur Opportunismus. Er holt eine der alten Rabattgeschichten heraus: Kissel habe ihm wegen eines Nachlasses für Hitler von 50 Prozent die Entlassung angedroht – dass diese dann tatsächlich kam, aber kurz darauf wieder aufgehoben wurde, erwähnt er nicht.

Auch andere Vorstände werden gleich mit abgehandelt: Kissel habe Wilhelm Haspel und Karl-Christian Müller in den Vorstand lanciert, sie seien deshalb „willenlose Mitarbeiter" Kissels.

Und dann kommt der Wink mit dem Zaunpfahl: „Sie werden mich immer auf dem Posten finden, wenn es sich darum handelt, für unsere Firma einzutreten."

Das Verhältnis zwischen Kissel und Werlin war auch vorher nicht ohne Spannungen. Obwohl Werlins Söhne ein halbes Jahrhundert später erzählen, dass man sich auch privat getroffen habe, dass ihre Mutter und Frau Kissel befreundet gewesen seien. Allerdings seien Werlin und Kissel wegen ihrer Hitzköpfigkeit öfter aneinandergeraten.

In den Akten findet sich unterschiedliches: So unterschreibt Kissel 1935 ein Schreiben an Werlin mit: „Indem ich Sie bestens begrüße, verbleibe ich, mit Heil Hitler! Ihr sehr ergebener W. Kissel". Nach dieser heute fast unterwürfig anmutenden, aber vielleicht freundschaftlich gemeinten Grußformel findet sich aber z.B. 1936 in einem Brief Kissels an Werlin, nachdem Werlin ihn in einer Sachfrage kritisiert hatte: „Des weiteren möchten wir nicht unterlassen, hervorzuheben, daß auch wir viele Entscheidungen als gegeben annehmen, die Sie treffen und über die unser Urteil vielleicht ein anderes ist, als wie das Ihrige."

Ungeachtet von früheren Differenzen und verbalen Kabbeleien in Briefwechseln – der unternehmensinterne Brief an einen Kollegen war noch bis in die 90er-Jahre eine übliche Form der Kommunikation – konnte die oben geschilderte massive Attacke Werlins auf seinen Vorstandsvorsitzenden eigentlich nur eine Folge haben: seinen eigenen Rauswurf. Aber nichts geschah. Der Aufsichtsratsvorsitzende von Stauß und Werlin hatten weiter ein gutes Verhältnis, von Werlin auch mit dem einen oder anderen Geschenk, zum Beispiel eines Automodells, befördert.

Die Zusammenarbeit mit Kissel dürfte ein Stück beschädigt gewesen sein, aber als Kissel am 18. Juli 1942 stirbt, da ist es Werlin, der den Kranz des „Führers" am Sarg bei der Trauerfeier im Werk Untertürkheim ablegt und eine Rede hält, die in das ganze Werk hinein per Lautsprecher übertragen wird, die an verbaler Wertschätzungsbekundung, aber auch Pathos kaum übertroffen werden konnte:

Werlin bezeichnet Wilhelm Kissel als „Führer, Freund und Kamerad", „von dem unerschütterlichen Glauben an die Zukunft Deutschlands beseelt". Dieser Tag sei der größte Trauertag seit Bestehen der Firma. Er schildert Kissel in unermüdlichem Einsatz für die Firma bis spät in die Nacht. Und Werlin weiß, dass jede gute Rede die persönliche Note und Betroffenheit braucht:

„Als ich vorgestern sein Arbeitszimmer im Trauerschmuck aufsuchte und sah, wie die Gefolgschaft in langen Reihen aus und einging, um in ehrfurchtsvollem Schweigen den toten Betriebsführer an der Stätte seines rastlosen Schaffens zu ehren, empfanden wir am stärksten, wie groß die Lücke ist, die sein Hinscheiden in unsere Reihen gerissen hat."

Dies war Werlins Meisterstück an Heuchelei, oder hatte er inzwischen seinen Frieden mit Kissel gemacht?

Werlin berichtet in seiner Ansprache weiter, dass Kissels Sohn acht Monate zuvor den „Heldentod" gestorben war und dass Kissel die Beileidsbekundung des Aufsichtsrats mit erhobenem Haupt entgegengenommen habe, „obwohl er unter dem Verlust mehr litt als Außenstehende ahnten". Tatsächlich war Kissel durch den Tod seines Sohnes so erschüttert, dass er sich das Leben genommen hat, wovon Werlin natürlich nicht sprach.

Kampf um die Führung

Die Nachfolge für Kissel wurde wenige Wochen nach seinem Tod von Vorstand und Aufsichtsrat auf den Weg gebracht: Der Mann der Stunde war der Produktionsfachmann Dr. Ing. Wilhelm Haspel, den Kissel 1935 u.a. deshalb aus Sindelfingen nach Untertürkheim geholt hatte, um ihn aus der Schusslinie der örtlichen Nazi-Granden zu nehmen. Denn Haspel hatte eine „halbjüdische" Ehefrau, worauf die Kölner Nationalsozialisten ja bereits in der Affäre um den Mietvertrag der Kölner Niederlassung aufmerksam gemacht hatten. Haspel war ein Produktionsspezialist und trotz jüngeren Alters im Vergleich zu seinen Kollegen eine Art Stellvertreter von Kissel geworden, ein zweiter Mann in der an sich unter gleichberechtigten Vorstandsmitgliedern nicht bestehenden Hierarchie an der Spitze.

Was war aus Werlins Ambitionen geworden? Sein Angriff auf Kissel einige Jahre vorher, mit dem Hinweis, dass er für weitere Aufgaben bereit sei? War Werlin ernsthafter Kandidat? Immerhin hatte er ein hohes technisches Verständnis, ein gutes Wissen über die Automobilindustrie, vielfältige Kontakte. Aber konnte er ein Unternehmen führen, steuern? Er war Chef der Münchner Niederlassung von Daimler-Benz, aber wenn wir seine Aktivitäten und Reisen sehen, dann dürfte er dort nur noch wenig vor Ort gewesen sein. Etwas wie einen Produktionsbereich oder eine Fabrik hat er nie geführt, auch keine Verantwortung in kaufmännisch-controllerischer Art gehabt. Und er hat sich oft verzettelt in kleinen Themen, er konnte auch nicht gut Nein sagen, wenn jemand etwas von ihm wollte:

So schaltet er sich in den Vorgang um eine Tankstellenlizenz in Salzburg ein. Er kümmert sich im Krieg darum, dass ein Berliner Zahnarzt eine Umrüstung seines Fahrzeugs auf Holzvergaser bekommt. Besonders bizarr: Er trägt den Wunsch der österreichischen Gemeinde Bad Gastein nach Schutzräumen Ende 1944 dem Rüstungsminister Speer vor, in einem Moment, wo sicherlich die großen Städte und Fabrikanlagen und ihre Bewohner und Mitarbeiter aufs äußerste bedroht waren, wohl kaum aber eine idyllische Alpengemeinde. Vielleicht fehlte ihm manchmal ein Stück Urteilsfähigkeit, auch die nötige Konstanz in seinen Aktionen und Arbeitsfeldern.

Jedenfalls ist er offensichtlich nicht der Kandidat, als den er sich mal vorgestellt hatte.

Umso wichtiger aber wurde er in dem Spektakel, das sich jetzt entfaltete:

Am 20. August 1942 gingen gleich zwei Schreiben in dieser Angelegenheit auf die Reise: In Heinrich Himmlers SS-Hauptamt schreibt ein Mitarbeiter an seinen Chef, dass in Stuttgart die örtlichen Vertreter der Deutschen Arbeitsfront erbittert um Einfluss kämpften, gegen die Einsetzung Haspels als Vorstandsvorsitzenden und auch gegen die Positionen der Direktoren Hoppe und Werner, die mit „Volljüdinnen" verheiratet seien. Er informierte Himmler, der Aufsichtsratsvorsitzende habe gesagt, dass er, Himmler, den Besetzungen zugestimmt habe. Gleichzeitig schrieb der NSDAP-Abschnittsleiter Dickwach einen seitenlangen Brief an den Aufsichtsratsvorsitzenden von Stauß, in denen er den verstorbenen Kissel und seine „Führerqualitäten“ und dessen Zusammenarbeit mit der DAF über alle Maßen lobt und ankündigt, dass dagegen die „jüdisch-versippten“ Haspel und Hoppe niemals Kontakt zur Deutschen Arbeitsfront haben könnten. Kandidat der DAF für den Vorstandsvorsitz sei der Untertürkheimer Personalleiter Romstedt, der wie Kissel als Treuhänder der deutschen Volksgemeinschaft arbeite.

Erwartungsgemäß kommt von Himmler ein im Ton eisiges Fernschreiben an Werlin, dass er dieser Besetzung niemals zugestimmt habe: „Ich sehe auch nur den Gedanken einer derartigen Besetzung als Affront gegenüber dem nationalsozialistischen Staat an.“

Werlin berät sich in Berlin mit seinem Vorstandskollegen K.C. Müller und dem Werkleiter des Rüstungswerks Berlin-Marienfelde. Im Ergebnis bietet Werlin Himmler in seinem Antwortfernschreiben an, dass Werner, der dem Vorstand gar nicht angehört, aber in der Frühzeit der Bewegung den Nationalsozialisten durch Wagengestellung wertvolle Dienste geleistet habe, in den „nächsten Monaten“ ersetzt werden solle. Hoppe solle aus dem Vorstand ausscheiden. Haspel sei dagegen wie kein anderer vertraut mit den kriegswichtigen Aufgaben, insbesondere für die Luftwaffe. Jede andere Entscheidung würde die schwerste Gefährdung der Produktion befürchten lassen.

Himmler war mit diesen Opfergaben sicher nicht besänftigt, aber er insistiert nicht weiter, wobei noch zu erwähnen ist, dass im Vorfeld sowohl Hitler wie Göring den geplanten Entscheidungen zugestimmt hatten, was einen hinhaltenden Widerstand der SS vielleicht nicht ratsam sein ließ.

Dickwach gibt zunächst keine Ruhe, will zwar Haspel akzeptieren, Romstedt aber zusätzlich für die Aufgabe der „Führung der Gemeinschaft“ an die Seite Haspels stellen, aber seine Nachgefechte sind vergeblich. Interessant sind sie hier deshalb, weil er diesmal auch einen Angriff auf Werlin fährt, den er „nicht übermäßig respektiere“ und dessen gleichgültige Einstellung gegenüber der Deutschen Arbeitsfront bekannt sei. Werlin habe dem Betriebsobmann der DAF in der Niederlassung München gesagt, er könne doch auch eine andere Arbeit verrichten. Für die Position des Betriebsobmanns der DAF lasse sich bestimmt ein Kriegsbeschädigter oder ein anderer „Hiesel“ finden.

Werlin war die Situation nach der formellen Inthronisierung Haspels noch nicht geheuer. Im Oktober 1942, also einige Wochen nach dem Hochkochen der Affäre um die Nachfolge Kissels, konzipiert er einen Brief von acht Schreibmaschinenseiten an Dickwach, in dem er die Entscheidung für Haspel mit der Erfahrung, dem Wissen und der Leistung desselben begründet, und in dem er insbesondere den NSDAP-Vorschlag Romstedt hart zurückweist. Und natürlich nutzt er die Gelegenheit, darauf hinzuweisen, dass auch er, der nach Betriebszugehörigkeit und mit seiner Verankerung in der NSDAP eigentlich am Zuge gewesen sei, sich in den Dienst der Sache gestellt hätte, genauso wie andere eventuelle Kandidaten – Müller, Nallinger –, die sich ebenfalls und sehr eindeutig für Haspel ausgesprochen hätten. Der viel zu lange, aber wohlkomponierte Brief gipfelt im Hinweis, dass diejenigen, die keine Verantwortung im Unternehmen tragen (also insbesondere Dickwach), keinerlei Recht hätten, dessen Entscheidungen zu bestimmen. Den Brief sendet Werlin dann allerdings gar nicht an Dickwach, sondern an die Deutsche Arbeitsfront, um die Entscheidung auch gegenüber dessen Leiter Robert Ley abzusichern.

Für Haspel ist die Gefahr allerdings nie ganz vorbei. Mehrfach lädt ihn die Gestapo vor. 1944 wird ihm ein „Sondereinsatz" in der Organisation Todt angekündigt, was tatsächlich eine Einweisung in ein Konzentrationslager bedeutet hätte. Wieder ist es Werlin, der alle seine Kontakte mobilisiert. Und er schafft es: Am 5. November 1944 teilt der Rüstungsminister Speer der SS mit, dass Haspel und Werner (den Daimler-Benz entgegen der Ankündigung nicht absetzte) auf Festlegung Hitlers bis nach Kriegsende in ihren Stellungen zu belassen seien und ihnen „aus der Tatsache der jüdischen Versippung" keine Nachteile erwachsen sollen.

„Ohne Herr Werlin wäre Hubing ein toter Mann."

1942 nimmt der Betriebsdirektor und stellvertretende Vorstand der Fa. Büssing HAG in Braunschweig, Eugen Hubing, in der Werksküche ein paar Lebensmittel mit, nach eigenen Angaben „eine geringfügige Unregelmäßigkeit". Die Umstände sind nicht ganz klar, sie spielen bei Verhandlungen zur Neufestsetzung seiner Strafe nach dem Krieg eine große Rolle. Hubing war offenbar schon vorher im Visier der NSDAP und der Gestapo und so forderte der Braunschweiger Gauleiter Lauterbacher dann auch umgehend vom zuständigen Sondergericht die Todesstrafe. Diese Intervention der Partei ging dem Präsidenten des Landgerichts Hugo Kalweit gegen den Strich, er wollte die Unabhängigkeit der Justiz vor den Forderungen der

NSDAP bewahren und deshalb die Besetzung des Gerichts für diesen Fall ändern. Kalweit war selbst NSDAP-Mitglied und auch später als Vorsitzender des Sondergerichts für mehrere Todesurteile verantwortlich. Seine Intervention misslang allerdings, es blieb bei der vorgesehenen Besetzung und die verhängte dann auch die Todesstrafe gegen Hubing. Das Verfahren erregte „monatelang in der Stadt höchstes Aufsehen" (Ludewig/Kuessner, „Es sei also jeder gewarnt" – Das Sondergericht Braunschweig 1933–1945).

Werlin erfuhr davon durch den Daimler-Angestellten Oberbaurat Fritz Schmidt. In Sachen Hubing bat er Werlin um Intervention. Schmidt hatte selber schon Versuche gemacht, bei Stellen in Berlin zugunsten Hubings vorstellig zu werden, aber ohne Erfolg. Und vermutlich kam direkt aus Braunschweig ein weiterer Hilferuf: Der Büssing-Chef Rudolf Egger-Büssing hatte auch schon für Johann Puch gearbeitet, von 1911 bis 1913. Man kannte sich und war befreundet.

Wie gut Werlin Hubing kannte, wissen wir nicht, aber er handelte. Er fuhr nur zu diesem Zweck nach Berlin, ließ sich einen Termin bei Hitler geben, mit dem einzigen Thema Hubing, und überzeugte Hitler davon, dass Hubing ein besonders begabter Fertigungsspezialist sei, der auch nach dem Krieg dringend gebraucht würde. Hitlers Antwort sinngemäß: „Ich schenke Ihnen den Hubing, aber ich fürchte, dass Sie schon zu spät kommen." Hitler verwies ihn an den Reichsjustizminister, und Werlin stand am nächsten Tag mit Hitlers Begnadigung in dessen Büro, nur um auch von diesem zu hören, dass die Strafe wohl schon vollstreckt sei. Tatsächlich sollte sie erst am nächsten Tag vollstreckt werden. Werlin kam rechtzeitig.

Der Reichsjustizminister wandelte das Todesurteil in eine lebenslange Freiheitsstrafe um. Hubing wurde nach Gefängnisaufenthalten in Braunschweig und Wolfenbüttel in das KZ Oranienburg eingeliefert. Er überlebte, trotz schwerer Misshandlungen und einem Todesmarsch, mit dem 25.000 Insassen Oranienburgs nach Grabow in Mecklenburg getrieben wurden, und wurde dort von sowjetischen Truppen 1945 befreit. Die Sache war für ihn noch nicht ausgestanden, er wollte das Urteil aus der Welt haben, aber auch nach dem Krieg befanden Gerichte, dass der Diebstahl rationierter Lebensmittel ein gravierendes Delikt sei. Aber er lebte, er musste auch nicht erneut ins Gefängnis. Oberbaurat Schmidt beschließt seine Aussage vor der Spruchkammer am 17. Juli 1947 mit den Worten: „Ohne Herr Werlin wäre Hubing ein toter Mann." Oder Hubings eigene Worte vor der Kammer einige Tage später: „Ich wurde sozusagen in letzter Minute dem Leben erhalten."

Arbeiten, Leiden, Sterben bei Daimler-Benz: Kriegsgefangene, Zwangsarbeiter, KZ-Insassen

Die Leitung, die Vertretung und die Geschäftsführung einer Aktiengesellschaft obliegen dem Vorstand. Jakob Werlin war es wichtig, diesem Gremium anzugehören, er hat Alles oder Nichts gespielt mit seiner Forderung, dort Mitglied zu sein – und er hat es geschafft. Deshalb wäre der Blick auf Jakob Werlin im Unternehmen Daimler-Benz unvollständig, wenn wir nicht auch darauf schauten, wie das Unternehmen vom Vorstand gesteuert wurde, welche Entscheidungen fielen. Zwar hatte Werlin dort eine erkennbare Sonderrolle, ohne eigenen definierten Geschäftsbereich. Aber selbst wenn er neutral blieb, an vielen Sitzungen nicht teilnahm, an Diskussionen und Entscheidungen vielleicht gar nicht beteiligt war: Er hatte in der Einheit mit seinen Kollegen die Leitungsaufgabe und auch die Mitverantwortung für das, was dort besprochen, gelenkt, entschieden wurde: Die nachhaltige Existenzsicherung des Unternehmens und die Verantwortung für die Beschäftigten gehören dazu.

Als Jakob Werlin 1933 Mitglied des Vorstands wurde, befand sich das Unternehmen noch tief in einer Krise. Die Fusion Daimler und Benz 1925 war verarbeitet, weitgehende Reorganisationen hatten gegriffen: Die Gruppenproduktion, die losgelöst von der vorher werkstattmäßig nach Gewerken (Drehen, Fräsen, Schleifen usw.) aufgeteilten Bearbeitung nunmehr nach Produkten orientiert erfolgte und die Arbeitsgruppe und die notwendigen Maschinen zusammenfasste, sparte Transporte. Sie legte aber auch die Gruppenverantwortlichkeit für Bearbeitungszeit, Menge und Qualität fest und erhöhte damit Zugriff und Kontrolle des Unternehmens über die Mitarbeiter. Dazu kamen Lohnsenkungen, Mehrmaschinenbedienung, insgesamt eine „erbarmungslose Intensität der Arbeitsprozesse“ (Neil Gregor). Aber die Rationalisierung half nur bedingt, unterstützte den Weg zur Rentabilität, aber das Hauptproblem, die mangelnde Auslastung, vergrößerte sich in den Jahren der Weltwirtschaftskrise dramatisch. 1932 lag – über PKW und Nutzfahrzeuge gemeinsam – die Auslastung gerade noch bei 26 Prozent der vorhandenen Maschinen und Anlagen. Die Belegschaft war kontinuierlich reduziert worden, Massenentlassungen halbierten die Zahl der Beschäftigten. 1928 lehnten die Banken die Finanzierung eines kleinen Volumenmodells ab, sie argumentierten, dass Daimler-Benz in diesem Sektor nicht konkurrenzfähig sei mit Opel. Und tatsächlich unterschied sich die Fertigung und Montage bei Daimler-Benz auch nach den Reorganisationen noch erheblich von der „fordistischen“ Produktion bei Opel. Bei Daimler-Benz wurde mit leicht umrüstbaren Universalmaschinen gearbeitet, während bei Opel oft mit aus Amerika beschafften Spezialmaschinen gearbeitet wurde, die auf wenige Fertigungsschritte reduziert große Stückzahlen ermöglichten und – einmal eingerichtet – dann auch von angelernten Arbeitern bedient werden konnten. In der Montage gab es dort das Fließband mit aufgeteilten repetitiven Arbeitsschritten, während bei Daimler-Benz Kleinserien, häufige Modellanpassungen und das Erfüllen zahlloser individueller Kundenwünsche nur durch eine hochqualifizierte Mannschaft mit vielen ausgebildeten Facharbeitern bewältigt werden konnten.

Auch wenige Jahre später, als der Weg in die Massenproduktion kleinerer Wagen mit einem 1,3 Liter Heckmotorwagen versucht wurde, scheiterte das Experiment. Noch mehr als ein halbes Jahrhundert später wird sich das Unternehmen schwertun, mit kleineren Fahrzeugen Geld zu verdienen. Der Smart, bis 2024 produziert im französischen Hambach, wird dort kein einziges Jahr eine vorzeigbare Rendite erbringen, und auch die A-Klasse als Einstieg in kleine, aber feine Kompaktwagen wird viele Jahre brauchen, um in die Gewinnzone zu kommen.

Ende 1932 und 1933 wird es besser. Ob sich das auch die Nationalsozialisten als Verdienst zurechnen durften, soll hier nicht weiter vertieft werden. Immerhin gab es steuerlich wirksame Maßnahmen für die Automobilindustrie, und das oft strapazierte Thema Autobahnen hatte zumindest symbolische Wirkungen in der von den Nationalsozialisten gepflegten Euphorie um das Automobil. Und viele Unternehmen werden die Zerschlagung der Gewerkschaften begrüßt und daraus Motivation und Selbstbewusstsein bezogen haben.

Entgegen häufig vereinfachenden Darstellungen war es nicht allein die Aussicht auf Rüstungsaufträge, die die unternehmerische Aufbruchstimmung bei Daimler-Benz beflügelten. Im Gegenteil: In den Stammwerken wurden weiterhin vor allem PKW und Lastkraftwagen produziert. Als explizites Rüstungswerk wurde das vorher über Jahre geschlossene Werk Marienfelde wieder geöffnet.

Neben Marienfelde wurde Genshagen in der Nähe von Berlin in den Wald gebaut, ein Flugmotorenwerk, groß, aber unauffällig in der Landschaft verteilt wegen befürchteter Luftangriffe im Fall des Krieges. Diese Investition bezahlte allerdings weitgehend der Staat, 1940 übernahm Daimler-Benz das Werk für einen kleinen Teil seines Wertes.

Hier wird eines sichtbar: Während Daimler-Benz gerne die Rüstungsaufträge mitnahm, die in den Kriegsjahren fast den gesamten Umsatz ausmachten, scheute der Vorstand immer wieder vor großen Investitionen in diesen Sektor zurück. Und ein zweites war ihm wichtig: Die Produktion von PKW und LKW sollte, auch wenn Flugmotoren und Panzer das Produkt der Stunde waren, nicht aufgegeben werden. Der Vorstand dachte von Anfang an über den Krieg hinaus.

Als der Krieg endgültig mit dem Überfall auf Polen Realität wurde, sah alles nach einem „Blitzkrieg" aus, und die Illusion währte ja noch eine ganze Weile: Frankreich, Holland, Belgien, Dänemark, Norwegen – alles schien zu gelingen. Warum sollte das Unternehmen allein auf Rüstung setzen, wenn es nach dem erwartet kurzen Krieg wieder um das Kerngeschäft gehen würde? Für diese Situation wollte man vorbereitet sein, sich sogar im Krieg eine gute Ausgangsstellung für danach verschaffen auf Kosten der Konkurrenz. Ab 1943 war dann allerdings bei vielen Entscheidungsträgern die Einsicht gewachsen, dass dieser Krieg verloren gehen würde und ein Friedensvertrag vielleicht das Schlimmste verhindern könnte. Manche Äußerung im Hinblick auf die Nachkriegsplanung etwa im Vorstand konnte man unschwer dahingehend interpretieren. Das ungeschickte Offenbaren dieser Überzeugung war allerdings tödlich: Hermann Koehler, Direktor der Deutschen Bank, Aufsichtsratsmitglied von Daimler-Benz, bezahlte eine solche Meinungsäußerung in einem Zugabteil mit dem vollzogenen Todesurteil des Volksgerichtshofs.

Die hier nur skizzenhaft geschilderte Interessenlage brachte eine Vielzahl von Entscheidungen, die auch immer wieder mit der Rüstungsbürokratie kollidierten oder in Spannung standen. Aber natürlich wurden so viele Aufträge wie möglich mitgenommen (Flugmotoren, Schiffsmotoren, Panzer, Panzerteile, Flugzeugteile und vieles andere), nichts wurde der Konkurrenz freiwillig überlassen.

Und die Anforderungen des „totalen Krieges" stiegen. Immer mehr Motoren, immer mehr Panzer – aber, so die Intention des Unternehmens, mit möglichst wenig Investitionen. Dazu brauchte es Belegschaften, am besten nur qualifizierte Facharbeiter. Doch viele Mitarbeiter, auch Facharbeiter, wurden zum Kriegsdienst eingezogen. Also stieg wie schon im ersten Weltkrieg zunächst einmal der Frauenanteil in den Fabrikhallen.

Nächster Schritt war die versuchte Ausschöpfung des Arbeitskräftepotentials in den besetzten Ländern. Italiener, Franzosen, Dänen arbeiteten bald in den Fabriken, zunächst freiwillig angeworben mit teils falschen Versprechungen und deshalb oft auch bald wieder verschwunden. Doch schon bald waren es keine Freiwilligen mehr, die Heranziehung des zweiten Kontingents von Renault-Arbeitern für Daimler war eine Zwangsmaßnahme, die zwischen dem Treuhänder der Renault-Werke Daimler-Direktor Carl Schippert und der Militäradministration ausgehandelt wurde.

Und schon 1941 wurden dem Werk Gaggenau vom Arbeitsamt Kriegsgefangene angeboten. Extrem vorsichtig fragte die Gaggenauer Werkleitung den Vorstand in Stuttgart: „Es besteht mit Rücksicht auf die noch immer gespannter werdende Arbeitseinsatzlage Neigung zu dieser Maßnahme.“ Zu dieser zurückhaltenden Formulierung gab es offenbar keinen Anlass: „Gegen die Beschäftigung von Kriegsgefangenen ist nichts einzuwenden“, antwortete postwendend der Vorstand. Die Tür war geöffnet.

1942 arbeiteten in allen Werken hunderte von sowjetischen Kriegsgefangenen, aber auch zivildeportierte Zwangsarbeiter aus der UdSSR, in Genshagen waren es allein 2.500.

Die sowjetischen Kriegsgefangenen kamen in oft katastrophaler körperlicher Verfassung in die Werke, und es wurde wenig bis nichts dafür getan, dies zu verbessern. In Untertürkheim traten sie in den Hungerstreik, dann bestreikten sie ihre Arbeit und konnten tatsächlich eine kleine Verbesserung ihrer Essensrationen und ihrer Freiheit erreichen: der Stacheldraht um ihre Baracken wurde abgebaut. All dies nicht aus Menschlichkeit, sondern um die mangelhafte Produktivität anzuheben.

Die offiziellen Regelungen für die beschäftigten Zwangsarbeiter befürworteten körperliche Strafen, jeder Kontakt mit den deutschen Arbeitern wurde untersagt.

Wer nicht spurte und funktionierte, wurde „zurück überstellt“ in die Kriegsgefangenenlager, wurde in „Arbeitserziehungslager“ eingewiesen oder in ein Konzentrationslager eingeliefert, wie z.B. eine Reihe französischer Arbeiter. Dies geschah in enger Abstimmung mit der SS oder der Gestapo. Unternehmenseigener Werkschutz, Führungskräfte des Unternehmens und der Terrorapparat des Regimes arbeiteten Hand in Hand.

Und es muss eine Art Gewöhnung an die Barbarei gegeben haben, in der Mitte des Krieges wurden die ersten jüdischen Polen für die polnischen Werke „rekrutiert“, zum Teil aus den Transporten in die KZs heraussortiert, von Führungskräften des Unternehmens. Bei den deutschen Werken wurden einige KZ-Außenstellen eingerichtet. In Genshagen allein wurden 1.200 Frauen aus dem Lager Ravensbrück eingesetzt. Die Unternehmen und auch Daimler-Benz hatten kein Problem damit, auch im Betrieb die rassistische Einteilung und unterschiedliche Behandlung der verschiedenen Gruppen wie vorgegeben durchzusetzen. Die ohnehin minderwertigen und nicht ausreichenden Lebensmittel wurden nach Leistung eingesetzt, nicht leistungsfähige Arbeiter „zurückgegeben". Bis direkt in die Fabriken reichte der Terror der nationalsozialistischen „Ordnungskräfte", und viele Vorarbeiter, Meister und sonstige Führungskräfte leisteten ihren ganz eigenen Beitrag, den Zwangsarbeiterinnen und Zwangsarbeitern das Leben zur Hölle zu machen. Und sollte ein deutscher Mitarbeiter oder ein Meister menschliche Solidarität zeigen, so wurde dies hart bestraft.

Die grauenhafte Behandlung der Zwangsarbeiter findet ihren Höhepunkt 1944, als die Produktion aus den Werken in großem Umfang in Tunnel und Stollen verlagert wird und Tausende von Menschen für den Ausbau dieser unterirdischen Fertigungsstätten eingesetzt werden, und dann auch für die dort in Ansätzen noch startende Produktion.

Hat der Vorstand der Daimler-Benz AG gewusst, wie es den Zwangsarbeitern in ihren Werken und den Barackenlagern geht? Die Antwort lautet eindeutig ja. Es gibt Berichte an den Vorstand, in denen es um die Produktivität dieser Menschen geht, es gibt Schreiben aus dem Vorstand, in denen Internierte aus den Konzentrationslagern als letztes Arbeitskräftepotential angefordert werden.

Das Beispiel Obrigheim mit der aus Genshagen verlagerten Produktion in der zweiten Jahreshälfte 1944 werden wir uns, auch wegen seines Bezugs zu Jakob Werlin, noch näher anschauen.

Und – worauf Neil Gregor in seiner Daimler-Benz-Geschichte im Nationalsozialismus hinweist – der Höhepunkt der Ausbeutung der Zwangsarbeiter wurde erst erreicht, nachdem der bekennende Nationalsozialist und Vorstandsvorsitzende Kissel in den Freitod gegangen war und der Technokrat Haspel unter den schon geschilderten Umständen Vorstandvorsitzender wurde. Haspel, der aufgrund seiner jüdischen Ehefrau die rassistische Politik ein Stück am eigenen Leib verspürte, 1944 sogar in die Gefahr der Deportation geriet, dieser Haspel verkündete 1944, dass die Ziele (in diesem Fall der LKW-Produktion) notfalls „mit Brachialgewalt" erzwungen werden müssten, „das Letzte aus den Leuten herausgeholt" werden muss. Und dies in einem Moment, in dem der Vorstand den Krieg verloren sah, als nationalsozialistische Bekundungen nicht mehr zu hören waren. Worum es ausschließlich ging, sagte Haspel in großer Klarheit: „Die Dinge mögen sich ändern, eines ist sicher: Der, der es verstanden hat, sich über den Krieg hinaus die Produktionsmittel zu erhalten, wird der Stärkere sein." Kapitalistische Produktionslogik hat offen den Vorrang, die Barbarei der Zwangsarbeit, die in Kauf genommene „Vernichtung durch Arbeit" ist kein Thema. Die zunehmende moralische Verkommenheit und Verrohung dieser Jahre hat vor den schweren Türen der Vorstandsräume auch bei der Daimler-Benz AG nicht Halt gemacht.

Und Werlin war ein Mitglied des Gremiums, das die Entscheidungsgewalt und die Verantwortung hatte. Aber wir werden sehen, dass er und seine Kollegen auch nach dem Ende des Nationalsozialismus nicht für das Thema Zwangsarbeit zur Verantwortung gezogen werden.

Generalinspektor für das Kraftfahrzeugwesen

Ein Foto: „Werlin Mitte" steht auf Aufklebern auf einer Holzkiste und auf runden Eisenteilen, die zwei Arbeiter auf einem Holzkarren in eine Halle in Minsk in Weißrussland schieben. Und tatsächlich sind Reparaturstandorte in Osteuropa nicht nur mit Werlins Initiative entstanden, sondern kurzerhand auch nach ihm benannt worden.

Hitlers Vertrauen in Werlin hat ihm eine weitere Position verschafft. Am 16. Januar 1942 ernennt ihn Hitler mittels Erlasses zu seinem „Generalinspektor des Führers für das Kraftfahrzeugwesen". Werlin kann überall in Deutschland und den besetzten Gebieten, in allen Betrieben und Dienststellen Besichtigungen vornehmen, Feststellungen treffen, ihm sind alle Auskünfte zu erteilen und Unterlagen zur Verfügung zu stellen. Er hat Hitler laufend Bericht zu erstatten.

Für diese Aufgabe bezieht er mit einem kleinen Team Räume in der Reichskanzlei.

Obwohl er eigentlich keinerlei operative Kompetenzen hatte, liefen bei Werlin die Fäden für die Errichtung dreier Reparaturwerkstätten („Werlin-Bauten") im Osten zusammen, die dem Heer eine möglichst schnelle, frontnahe Reparatur von Panzern, Fahrzeugen u.a. gewährleisten sollen. Eine der riesigen Werkstätten steht unter Leitung der Daimler-Benz AG, eine unter der der Opel AG und eine wird von Klöckner-Humboldt-Deutz verantwortet. Dass diese „Werlin-Bauten" privatwirtschaftlich geführte

Einrichtungen des Heeres waren, ist ein Zeichen des Scheiterns der zunächst von den Nationalsozialisten angestrebten „Befehlswirtschaft". Die Ernennung von Speer zum Reichsminister für Rüstung und Kriegsproduktion stärkte dann auch die Selbstverantwortung der Wirtschaft in ihren jeweiligen Bereichen, aber auch die stärkere Steuerung bei übergreifenden Themen einschließlich der Materialzuteilung.

Gleichwohl durchschlug auch Speer nicht den fast unentwirrbaren Knoten von Wirtschaftsgruppen, Untergruppen, Ausschüssen, unterschiedlichsten und konkurrierenden Verwaltungskompetenzen. Das gab Werlin weiter die Möglichkeit, für eine einheitliche Führung und Steuerung des gesamten Kraftfahrbereichs (Produktion, Handel, Reparatur) zu kämpfen, – am besten unter seiner Leitung – aber es lohnt nicht, Vorstöße, Vorgänge und Aktenordner aufzudröseln – er hatte keinen Erfolg, trotz der beachtlichen Stellung, die er sich über die Jahre erarbeitet hatte.

Immerhin wurde er 1943 noch zum „Beauftragten für das Kraftfahrzeuginstandsetzungswesen" bestimmt, aber auch hier erreichte er nicht mehr seine Ziele, möglichst viel Kompetenzen für die Industrie zu generieren. 1944 wurde er aus dieser Aufgabe entlassen.

Auch als Generalinspektor nutzt Werlin die Chancen zu sozialem Engagement in seinem Sinne: er vermittelt schwerkriegsverletzte SS-Männer an das Reparaturwerk in Gleiwitz, mit der Aufforderung, dass die dortigen Führungskräfte mit ihnen umgehen mögen wie „ein Vater mit seinen Söhnen", und das meine: keine Bummelei, Anhalten zum Lernen und zur Arbeit.

Aber er denkt auch an sich selbst. Über den „Reichskommissar für die Behandlung feindlichen Vermögens" mietet er Ende 1942 in Österreich ein Haus, mit Hilfestellung durch die Mercedes-Benz Automobilgesellschaft in Wien. Das Haus steht offenbar irgendwo draußen in ländlicher Gegend, denn die Nutzung von Bäumen und Wiesen durch die Nachbarn ist ein Thema. Im Schriftwechsel geht es auch um die Möbel des Eigentümers („Der Hauseigentümer mag froh sein, wenn die wertvollen Möbel in Gebrauch genommen werden und gepflegt werden"). Wer dieser Eigentümer ist, warum er offenbar gegen seinen Willen vermieten muss, warum es sich um „feindliches Vermögen" handelt, geht aus dem vorliegenden Schriftstück nicht hervor. Es wird angekündigt, dass Eglantine Werlin vor Ort über die Einteilung der Räume befinden wird.

Es ging offenbar um einen privaten Zweck, auch wenn Werlin als Generalinspektor des Führers angeschrieben wird. War es ein Ferienhaus, das er sich hier verschaffte durch eine „Arisierung“ oder durch eine Zwangsmaßnahme gegen einen Regimegegner? Oder sollte es ein Rückzugsort für den Fall sein, dass der Krieg einmal deutschen Boden erreichen sollte?

Im Kreis des „Führers“

Eine ruchlose Unternehmerin: Els Voelter

Els Voelter beschwört in Briefen „die alte treue Freundschaft mit Herrn Direktor Werlin, dem Freund unseres Führers", der ihr „eine sehr schöne Äußerung unseres Führers über mich überbrachte". Sie hat, so die Historikerin Cornelia Rauh, schon früh begriffen, „wie sehr der Erfolg im NS-Staat auf politischer Verbindung und persönlicher Einflussnahme basierte".

Und so hatte die Bekanntschaft mit Jakob Werlin bei ihr sicher eine berechnende Komponente.

Els Voelter hatte in Stuttgart u.a. als selbständige Verkäuferin Mercedes-Benz-Fahrzeuge verkauft. Sie war eine begeisterte und überzeugte Nationalsozialistin, glühende Verehrerin von Adolf Hitler, das bewies nicht nur ihr früher Parteieintritt 1925 als erstes weibliches NSDAP-Mitglied im Gau Württemberg. Sie war auch hoch aktiv in der NS-Szene, und so logierte ihr Idol Adolf Hitler bei zwei Stuttgart-Aufenthalten am 19. April 1926 und am 11. Juli 1927 bei den Voelters in der Stuttgarter Wohnung. Els konnte ihn am Vorabend seines Geburtstages mit einem Kuchen mit 37 Kerzen erfreuen.

Mit Werlin verband sie in diesen Jahren und den nachfolgenden bis 1933 auch die Frage der Versorgung der NSDAP mit Mercedes-Benz-Fahrzeugen: Es gibt umfangreichen Briefwechsel Werlins mit seinem Vorstandsvorsitzenden Kissel über Rabatte und Gegengeschäfte bei Käufen durch die Partei oder einzelne Parteigrößen. Neben dem Kauf spielte aber auch der kurzfristige Verleih von Fahrzeugen an die Partei eine große Rolle. Dazu baute Werlin angeblich ein ganzes Netz von Kontakten innerhalb und außerhalb des Unternehmens auf. Einer dieser hilfreichen Kontakte war der Leiter des Mannheimer Werkes Carl Werner. Dessen Verdienste um die Wagengestellung für die NSDAP führte Werlin später erfolgreich ins Feld, als die Angriffe der NSDAP gegen Werner, der eine jüdische Ehefrau hatte, zunahmen. Und eine andere, die bei diesen Aktivitäten in Sachen Autos für die NSDAP mitmischte, war Els Voelter.

Els Voelter war in der Stuttgarter Society unterwegs, in der Automobilistenszene und auf anderen gesellschaftlichen Veranstaltungen. Sie war von großer Liebenswürdigkeit, aber auch direkt, verfolgte ihre Ziele hartnäckig und mit voller Nutzung ihrer vielen Kontakte. Sie agierte schillernd und sie war nach vielen Aussagen geltungssüchtig.

Ihre große Stunde als Unternehmerin schlug, als die „Arisierungen" begannen. Mit großer Skrupellosigkeit und unter voller Nutzung ihrer Kontakte zum Reichsstatthalter Murr und insbesondere einem nicht weniger umtriebigen Kreiswirtschaftsberater, der dann auch gleich noch ihr Geliebter für einige Zeit wurde, schaffte sie es in vielen Verhandlungen und mit einem kapitalstarken Geschäftspartner, zunächst die Ideal-Steppdeckenfabrik in Untertürkheim an sich zu reißen. Der jüdische Eigentümer Strauß wurde von ihr ganz persönlich bedroht und übervorteilt, bis er 1939 nach England ging. Die Steppdeckenfabrik lief dann glänzend, denn als arische Vorzeigeunternehmerin wurde sie auch bei Auftragsvergaben unter anderem von Wehrmacht und SS bestens berücksichtigt.

Ihr nächstes Ziel lag direkt angrenzend in Untertürkheim: die SAPT AG, eine Textil-Rohstoff-Handelsgesellschaft mit weltweiter Tätigkeit, die der jüdischen Familie Wolf gehörte und im 19. Jahrhundert aus einer Lumpensammler-Unternehmung hervorgegangen war. Die Familie Wolf war sehr wohlhabend, hatte mehrere Villen in Stuttgart. Sie besaß noch weitere Unternehmen und wohnte inzwischen in der Schweiz, und auch die Anteile der SAPT AG lagen zum Teil in Banken in der Schweiz. Mit Hartnäckigkeit und vielen Gesprächen schaffte es Voelter, auch diesen Deal zu finanzieren, denn die Aktien in der Schweiz konnte man sich ja nicht einfach mit irgendwelchen Tricks zu Minimalpreisen aneignen. Sie mussten mit Devisen bezahlt werden. Dies geschah mit Hilfe der „vormals Königlich preußischen Vermögensverwaltung". Das Unternehmen wurde in Rohtex AG umbenannt, Voelter hielt mehr als die Hälfte der Anteile und leitete das Unternehmen.

Voelter war aber noch nicht am Ende ihres Ehrgeizes und ihrer Gier und streckte ihre Fühler ins „befreite" Elsass aus und auch in die besetzten Niederlande. Wir brauchen es hier nicht zu vertiefen, Cornelia Rauh hat dies in einem so faszinierenden wie – was das Handeln der Akteure angeht – abstoßenden biografischen Portrait spannend ausgebreitet.

Die von Voelter behauptete Freundschaft mit Werlin ist plausibel: Werlin wie Voelter bauten perfekt an ihrem Netzwerk aus NS-Funktionären, Unternehmern und privaten Kontakten und nutzten dies beide durchaus ohne Skrupel: Voelter drohte mit Interventionen von höchster Stelle, wenn sie ihren Willen nicht bekam, Werlin verwies bei Kontroversen gerne darauf, dass er die ganze Sache schon mit Hitler besprochen habe und das

Thema geklärt sei. Beide waren sie automobilverliebt, beide waren, wenn Werlin in Untertürkheim war – nach dem als Arisierung bezeichneten Raubzug –, kaum einen Steinwurf voneinander entfernt tätig. Voelter hatte auch Kontakte mit dem Daimler-Vorstandsvorsitzenden Kissel und dem späteren „halbjüdischen“ Daimlervorstand Rolf Staehlin. Wir dürfen trotz des Fehlens weiterer Nachweise und Berichte wohl tatsächlich von einer aus Seelenverwandtschaft resultierenden Freundschaft ausgehen.

Jahrzehnte später wird die Daimler-Benz AG die Grundstücke der Steppdeckenfabrik und der in Rohtex umgetauften Sapt AG kaufen, um die notwendigen Erweiterungen des Werkteils Untertürkheim zu realisieren. Noch in den achtziger und neunziger Jahren sprachen die Fabrikplaner vom Rohtex-Gelände, vom Gebäude Rohtex oder gar vom Areal „Lumpen-Wolf“.

Die englische Nazisse: Unity Mitford

München, am Samstagnachmittag des 9. Februar 1935: Das konnte ja nicht wahr sein! Jakob Werlin und ein paar andere Getreue betreten mit Adolf Hitler ihr Stammlokal Bavaria, ein italienisches Restaurant. An einem Tisch sitzt die sehr gut aussehende und vor allem sehr große Blonde, die sich jeden Tag dort niederlässt, offenbar, um auf keinen Fall zu versäumen, wenn ihr Idol Adolf Hitler an diesem Ort, wie recht häufig, essen sollte. Werlin hatte sie schon mal im Bavaria gesehen, hatte sogar bemerkt, dass Hitler sie zur Kenntnis nahm, ihr zunickte, was sie mit angenehm zurückhaltendem leichten Lächeln erwiderte.

Offensichtlich eines der vielen Mädchen, die Hitler kennenlernen, ihm nahe sein, vielleicht ihm nachstellen wollten. In München war das alles nicht so störend, hier war Hitler etwas privater als in Berlin.

Soweit nichts wirklich Besonderes an diesem Tag, aber jetzt kommt es zu einer Szene, die weder Werlin noch die anderen Begleiter für möglich gehalten hätten. Hitler bleibt vor der Verehrerin stehen, grüßt sie sehr freundlich und fordert den Osteria-Besitzer Deutelmoser auf, sie an seinen Tisch zu bitten und ihr dort einen Platz einzudecken. Später wird Werlin in London erzählen, dass Hitler ihn, Werlin, aufgefordert hätte, sie an seinen Tisch zu holen.

Die Blonde hat in einer Zeitschrift geblättert, Mode, wenn es Werlin richtig gesehen hat, und natürlich kommt sie strahlend herüber, stellt sich vor: Unity Mitford, Engländerin und überzeugt von der Politik des „Führers". Der schaut seinerseits fast verliebt auf die große junge Frau, er stellt die Herren am Tisch vor, und der Kellner schiebt ihr den Stuhl neben Hitler an den Tisch, und schon sind die beiden in einer angeregten Unterhaltung. Hitler, der nie in England war, stellt sein Architekturwissen über London zur Schau, und Ms. Mitford glänzt mit politischen Aussagen. Sie sprechen auch über Richard Wagner, über das Theater und dann über die allgemeine Lage. Sie versucht, Hitler noch an Radikalität zu übertrumpfen, was Werlin schon fast unangemessen erscheint, etwa als der „Führer" auf die nordische Rasse und die Juden zu sprechen kommt. Aber Ms. Mitford hat offenbar nicht nur vor, seinen Freund Adolf Hitler mit ein paar radikalpolitischen Sprengseln zu bezirzen. Nein, sie ist ernsthaft am Diskutieren, und mit der Zeit werden auch die anderen um Werlin mit in die Diskussion einbezogen. Bald ist auch Werlin begeistert, und auch wenn er, geprägt durch sein kosmopolitisches Leben in Budapest und seine ungarische Frau, vielleicht nicht das Hohelied der Nordischen Rasse anstimmte, so sieht er doch hier die ideale Verkörperung der Ideologie: Blonde Haare, fein geschnittenes Gesicht, aber robuste Hüften, sehr groß, stattlich, aber nicht dick, und intelligent ist sie auch noch. Keine Plauderin, nein: eine politisch Entflammte. Jetzt unterschreibt Hitler vor dem Aufbruch auch noch eine Postkarte für „Frl. Unity Mitford", und vielleicht hat Werlin überlegt, ob er den Fotograf Hoffmann mit Autogrammkarten des „Führers" beauftragen und sie Hitler schenken soll, falls sich weitere solche faszinierenden Fräuleins von Hitler angezogen fühlen sollten. Sie stehen noch am Tisch, der „Führer" ist gegangen, und der Lokalchef und Werlin gratulieren Frl. Mitford zu diesem außergewöhnlichen Gang der Ereignisse. Auch sie ist beglückt.

Werlin wird sie künftig öfter sehen. Sie arbeitet zielstrebig und erfolgreich daran, Teil der Entourage zu werden. Hitler stellt sie Goebbels vor, wieder im Restaurant Bavaria, Hitler gibt Unity Mitford und ihrer Schwester Diana eine eineinhalbstündige Privataudienz. Hitlers Begeisterung für hübsche junge Frauen ist bekannt, aber Unity Mitford nimmt eine Sonderstellung ein. Dies bleibt Eva Braun nicht verborgen, die fürchtet, dass Unity Mitford zu einer Nebenbuhlerin werden könnte. Sie hatte herausgefunden, dass Unity auch den weiteren Vornamen Valkyrie trug, eine geradezu prophetische Namensgebung für die imposante Erscheinung.

Das war der Start einer außergewöhnlichen Liaison der Engländerin mit dem engen Zirkel der Nationalsozialisten, mit Hitler, Goebbels, Magda Goebbels, dem Fotografen Hoffmann, bei dem Eva Braun arbeitete, Ernst

Hanfstängl und weiteren. Und eben auch Jakob Werlin.

Unity Mitford mit SS-Mann Fritz Stadelmann München 1937.

Mitford kam aus einer adeligen Familie mit sechs Töchtern, Originalton des Vaters Lord Redesdale: „Meine Töchter sind alle vollkommen verrückt." Schwester Diana, die Unity in Sachen Nationalsozialismus und Faschismus in nichts nachstand, hatte eine Traumpartie mit einem Guinnesserben gemacht, verließ diesen aber für Oswald Mosley, den englischen Faschistenführer. Eine andere Schwester war Kommunistin, wollte im Spanischen Bürgerkrieg kämpfen, eine weitere mit Hang zum Zynismus wurde Schriftstellerin. Diana kam oft nach Deutschland, saß mit Unity mehrfach im Wartestand in der Osteria Bavaria, dann später auf dem Nürnberger Parteitag. Unity Mitford selbst hatte sich schon bald den Spottnamen Unity Mitfahrt eingefangen, sie war fast überall dabei, egal ob Parteitag, Obersalzberg, ja sogar die Besetzung Österreichs erlebt sie zwar nicht im offenen Wagen neben Hitler stehend, aber schon in Wien ist sie wieder dabei. Nach eigener Aussage wird sie ganz heiser vom „Heil Hitler"-Schreien. Sie wird wie die meisten und auch Werlin nicht persönlich erlebt haben, dass es in Wien in diesem Moment schon zu den ersten Judenpogromen kam, dass Menschen verhaftet und misshandelt wurden. Aber selbst wenn sie es mitbekommen hätte, wäre sie davon unbeeindruckt geblieben. An den „Stürmer" schrieb sie einen Leserbrief mit Begeisterung für die deutsche Politik gegenüber den Juden und hoffte auf eine entsprechende englische Antwort: „Jews out!"

Werlin, der auch dabei war, als Unity Mitford erstmals auf dem Obersalzberg eingeladen war, erwies sich als praktischer Kontakt für die glühende Hitler-Verehrerin. Als 1939 das Benzin rationiert wird, kann sie dank Sonderrationen, die ihr Werlin beschafft, weiter durch München und Bayern in ihrem offenen MG brausen, ihre Dogge auf dem Beifahrersitz.

Und es war auch Jakob Werlin, der der Familie von Lord Redesdale 1935 in London vorschwärmt, dass Hitler eine hohe Meinung von ihrer Tochter Unity habe, sie auch für außergewöhnlich intelligent hält. Er erzählt dies während eines „Tea“ im House of Lords, dabei sind Lord Redesdale und seine Frau Sidney und Unitys Bruder Tom, der wiederum brühwarm seiner Schwester in München berichtet und erzählt, dass Jakob Werlin „really delightful“ war. Tom musste an dem Nachmittag übersetzen und die Unterhaltung mit Werlin führen, denn der konnte kaum Englisch sprechen. Was er in London machte, wissen wir nicht, vermutlich ist er nicht dort hingefahren, um Unitys Familie zu besuchen, wahrscheinlich war es eine Dienstreise in Sachen Vertrieb. Fehlende Englischkenntnisse hin oder her, mit seiner Gewandtheit und Geschmeidigkeit konnte man Werlin vermutlich überall hinschicken.

Für Unity Mitford wird ihre bizarre, aber in abgedrehten englischen Adelskreisen nicht völlig ungewöhnliche Leidenschaft für den Faschismus und Hitler ein übles Ende nehmen. Aber in den Jahren vor dem Krieg war sie Covergirl, It-Girl und Reputationsfaktor für die Nationalsozialisten im schillernden München.

Auf dem Berghof

Hitlers Berghof, auf dem Obersalzberg, hoch über Berchtesgaden: Hier traf er sich mit Politikern, Militärs, hier verbrachte er kurze Urlaube, aber manchmal auch mehrere Monate am Stück, selbst in Krisenzeiten. Und während die Treffen dort oben mit wichtigen Politikern wie Mussolini, aber auch seinen eigenen Führungsspitzen kurze Visiten waren, etablierte er für seine längeren Aufenthalte einen Kreis, der ihn regelmäßig umgab, ihm zuhörte bei seinen langen Monologen im Teehaus und am Abend, kurze Spaziergänge mit ihm machte, mit ihm Geburtstage und Silvester feierte. Zu diesem Kreis gehörte natürlich Eva Braun, die allerdings bei offiziellen Besuchen wieder in den Hintergrund treten musste, ebenso ihr ehemaliger Arbeitgeber, der Fotograf Hoffmann, der auf dem Obersalzberg unzählige Bilder machte und am Mythos Hitler arbeitete. Auch Familienmitglieder und Hitlers Ärzte Morell und Brandt und dessen Ehefrau Anni Rehborn, eine erfolgreiche Schwimmerin, gehörten zu den ständigen Gästen. Dann Hitlers Sekretärinnen, der Reichsjugendführer von Schirach und seine Ehefrau Henriette, oft auch Magda und Joseph Goebbels, Rudolf und

Ilse Heß, Albert Speer und Hitlers Adjutanten wie z.B. Brückner und von Below.

Auch Jakob Werlin gehörte dazu. Auf vielen Bildern, zu vielen Anlässen, ist er dort oben abgelichtet. Wir sehen ihn leger auf einer Stufe im Berghof sitzend, mit Hitler scherzen und plaudern, wir sehen ihn, wie er mit dem „Führer" im Schnee spaziert, beide mit Stock, die Bilder zeigen ihn im Hintergrund eines Empfangs von BDM-Mädchen durch Hitler auf der Terrasse, oder festlich gekleidet an Silvester 1938. Er ist dabei. Ein Bild zeigt ihn bei einem Essen auf einer Terrasse, er sitzt direkt neben Hitler, auf der anderen Seite Werlins dann die ebenfalls häufige Berghof-Besucherin und Künstlerin Sophie Stork, neben ihr wiederum Eva Braun. In der Rangordnung stand er offenbar nicht an hinterer Stelle.

Auf dem Berghof 1934, Werlin und Hitler mit weiteren Gästen.

Hitler muss ihn dort gewollt haben. Lästige Besucher verbannte der „Führer" ohne die geringste Scheu, bloße Bewunderer oder gar Bittsteller hatten wenig Chance. Der Kreis war handverlesen.

Was waren Werlins Beiträge dort oben? Goebbels erwähnt ihn häufig in seinen Tagebüchern, insbesondere in den frühen Jahren der Regierungszeit der Nationalsozialisten, und es hat immer etwas mit Gesprächen über Automobile, die Automobilindustrie oder Autorennen zu tun. Ende 1936 berichtet Goebbels von einer Auseinandersetzung mit Werlin über die nächste Automobilausstellung, ohne aber den inhaltlichen Dissens offen zu legen. Goebbels ist auch ganz beglückt, als er einen neuen Mercedes bei Werlin („zu günstigsten Bedingungen") bestellt hat und Werlin ihm diesen Wagen persönlich in die Fränkische Schweiz zu einem Ausflug entgegenfährt. Politisch scheint Werlin sich nicht dezidiert zu äußern, und vielleicht ist das auch ein Grund, dass Goebbels ihn in einem Tagebucheintrag 1937 als „das Dümmste, was herumläuft" qualifiziert.

Auf dem Berghof von links: Hitler, Werlin, die Künstlerin Sofie Stork, Eva Braun und andere.

Gesellschaftlich hatte Werlin dort oben offenbar einen etablierten Stand, nicht nur bei Hitler. Man sieht ihn mehrfach auf Eva Brauns privaten Filmen, die sie dort mit einer Farbfilmkamera machte. So sitzt er, eher etwas unbehaglich in einer kleinen Kaffeerunde mit Albert Speer auf der Terrasse, oder sehr gelöst in einer größeren Runde von Männern und Frauen, er bringt einer der jüngeren Frauen mit Grandezza einen Stuhl, die putzt scherzhaft einen anderen Mann herunter, der versucht, ihr ein Schriftstück zu reichen, alle lachen, auch Werlin.

Auf den Fotos macht Werlin eher selten den Eindruck solcher Ungezwungenheit oder Leichtigkeit. Manchmal steht er abwartend dabei, er guckt meist ernst, er beobachtet. Bei einem Besuch von BDM-Mädchen steht er dabei, als gehöre er nicht dazu. Als Hitler im Schnee mit Skiwanderern spricht, steht Werlin, gleich gekleidet wie Hitler, einen halben Meter hinter ihm und schweigt. Oft steht er direkt in Hitlers Nähe, aber selten hat man das Gefühl, dass er gerade das große Wort führt.

Und noch etwas fällt beim Anschauen der vielen Bilder auf: Wo ist seine Ehefrau Eglantine? Auf keinem einzigen dieser Bilder vom Berghof, oder mit Hitler und der Entourage in Bayreuth, ist sie zu sehen. Warum ist sie nie dabei? Bei Daimler-Benz-Anlässen sehen wir sie. An den Rennstrecken zum Beispiel. Auf dem Schiff mit ihrem Mann, mit Porsche und den Rennteams auf dem Weg in die USA. Aber nie mit Hitler. Auf dem Berghof waren Ehefrauen, Partner, Kinder überhaupt nicht ungewöhnlich. Aber selbst bei der Silvesterfeier 1938 ist Eglantine Werlin auf dem großen Gruppenbild nicht zu sehen, nur wieder ein ernst blickender Jakob Werlin.

Hat sie es abgelehnt, ihre Zeit mit Hitler zu verbringen? Oder war sie dort nicht wohlgelitten? Als Werlin Hitler in München kennenlernte, waren Eglantine und er schon lange verheiratet. Die Besucher auf dem Berghof waren ausgesucht, die Adjutanten (z.B. Brückner, Bormann) waren die Türsteher, an denen man nicht vorbeikam. Hatte es damit zu tun, dass Eglantine Ungarin war? Oder war sie nicht bereit, die große Leidenschaft ihres Mannes für den ehemaligen Kunden und aufgestiegenen Herrscher Deutschlands zu teilen und zu unterstützen?

Hitler begrüßt 1935 Skiwanderinnen auf dem Obersalzberg, Werlin zweiter von rechts.

Der Einmarsch – Österreich 1938

Der Geländewagen Mercedes-Benz G4 (unternehmensintern W31) ist ein emblematisches Fahrzeug: riesig für einen Personenwagen, drei angetriebene Achsen, ein kraftvoller Motor, mächtiges Gewicht. An der G4-Version, mit der Hitler in Österreich einfährt, blinkt viel Chrom, die Fahrzeuge sind offen. Macht, Kraft, Triumph der Technik. Der G4 beeindruckt, ja, er schüchtert sogar ein. Das wichtigste sind die zwei hinteren Achsen: Sie suggerieren, alles bezwingen zu können, notfalls platt zu machen, sie sehen gut aus – das Fahrzeug wird in späteren Jahrzehnten zu einer beliebten Filmrequisite. Hitlers Wagen fährt am 13. März 1938 an der Spitze der Kolonne, dahinter in Doppelreihen, teils versetzt, weitere G4, die Insassen in Uniform, sitzend, nur Hitler steht. Was für eine Inszenierung!

Dabei kann das Fahrzeug fast nichts. Z.B. kann der G4 nicht schnell vorwärtskommen, gerade mal 67 km/h Höchstgeschwindigkeit. Im Gelände ist der 3,7 Tonnen schwere Elefant auch nur mühsam unterwegs, ein Video des Technik-Museums Sinsheim zeigt, wie sich ein restauriertes Exemplar mühsam eine eher flache Wiese hochquält. Er ist zu schwer, da helfen auch der 6x6-Antrieb, die Differentialsperren und die Motoren mit mehr als 100

Hitler in Wien 1938 (mit den dreiachsigen Mercedes-Benz G4).

PS und großen Hubräumen nicht viel.

Doch das sieht man nicht. Der „Führer“ rollt durch ein Spalier jubelnder Menschen, viele Frauen darunter, junge Mädchen, die die Fahrzeuge wohl gar nicht bewusst wahrnehmen, aber die G4 unterstreichen unterschwellig die Wirkung und Botschaft dieses Einzugs. In Linz verkündet Hitler: „Wenn die Vorsehung mich einst aus dieser Stadt heraus zur Führung des Reiches berief, dann muss sie mir damit einen Auftrag erteilt haben, und es kann nur ein Auftrag gewesen sein, meine teure Heimat dem Deutschen Reich wiederzugeben!“ Und nach einem Tag Pause und langsamer Weiterfahrt der Kolonne mündet die Inszenierung dann in Wien in ein von Hitler mit überschnappender Stimme gebrülltes „Als Führer und Kanzler der deutschen Nation und des Reiches melde ich vor der Geschichte nunmehr den Eintritt meiner Heimat in das Deutsche Reich!“

Und tatsächlich wird von „Wiedervereinigung“ gesprochen. Der in den Tagen zuvor auf der politischen Bühne mit Einschüchterung erpresste Austausch der österreichischen Regierung, ebenso wie die begeisterte Selbstunterwerfung der Österreicher, zumindest derer, die auf der Straße sind, lässt übersehen, dass es sich um einen Überfall, eine Annexion handelte.

Natürlich war Hitler nicht vorne dabei beim Einmarsch, Einzug. Dort lief auch jede Menge schief. Fast ein Drittel des Materials (Panzer, Lastwagen) fiel aus, lag am Straßenrand, die Versorgung mit Benzin brach zusammen. Die Soldaten hatten kein vernünftiges Kartenmaterial, und – welche Ironie! – ganze Panzerverbände orientierten sich mangels Karten mit dem „Baedeker“! Die Koordination der Verbände klappte nicht, und die jubelnden Massen behinderten den Vormarsch. Es gab viele Staus, angeblich wurde auch Hitler mit seinem Tross darin aufgehalten. Aber die Mercedes-Benz

G4 sind offenbar nicht liegengeblieben, immerhin.

Einmarsch in Österreich 1938.

Der Junge aus Andritz bei Graz, Jakob Werlin, jetzt 51 Jahre alt, Daimler-Direktor, SS-Mann und Freund Adolf Hitlers ist mit dabei, in der Führerkolonne, er besetzt seine eigene Heimat. Auch er wird nur seine jubelnden Landsleute gesehen haben, sich abends in den belagerten Hotels erschöpft nach dem Essen in sein Zimmer zurückgezogen haben, vielleicht hat er versucht, mit der Daimler-Verkaufsniederlassung in Wien zu telefonieren. Er wird in diesen Momenten nicht mitbekommen haben, dass, kaum hatte der Einmarsch begonnen, Tausende politische Gegner verhaftet wurden, jüdische Geschäfte zerstört wurden, jüdische Männer und Frauen mit dem Abschrubben von Straßen drangsaliert, gedemütigt und verletzt wurden – aber er kannte die politische Agenda.

Eigentlich hätte er viel zu tun gehabt: das Unternehmen Daimler-Benz, seine Verkaufsniederlassung München, der Reichsverband der Deutschen Automobilindustrie, das Volkswagen-Projekt – er hätte sicher gute Gründe gehabt, die Einladung zur Okkupation höflich abzulehnen, aber Werlin wollte offensichtlich den Hauch der Geschichte spüren, der sich in diesem Fall mit lautem Gebrüll Gehör verschaffte. Er wollte im Triumph des Freundes baden, mit dem Hofstaat dabei sein, in seiner Heimat, er wollte mit in diesen bedrohlich-faszinierenden Autos sitzen und die Huldigungen seiner Landsleute entgegennehmen, die auch auf die Entourage abstrahlten. Auf was war er stolz in diesem Moment? Auf die Begeisterung seiner Landsleute, oder doch vor allem darauf, dass es der Junge aus Andritz aus armen Verhältnissen bis hierhin geschafft hat, dass er im Vorstand des Unternehmens arbeitet, das diese herrlichen Autos baut, dass er ein Freund des Führers ist?

Auf Wahlkampfreise 1938 (Abstimmung über den Anschluss) in Österreich im Zug, Hitler links, im anderen Fenster rechts Werlin.

Der G4 war mit seiner Aura dann auch ein schönes Geschenk von Diktator zu Diktator, Mussolini und Franco bekamen jeweils einen. Der spanische G4 gehört heute dem Königshaus und wurde von Mercedes-Classic von Grund auf restauriert, so hat das Geschenk heute wenigstens den Sinn, dass eines der wenigen Exemplare in bester Kondition erhalten ist. Auch vor einigen Jahren konnte man wieder einen 6x6-Geländewagen von Daimler kaufen, den Mercedes-Benz G 63 AMG 6x6, wenn man dafür eine knappe halbe Million übrig hatte. Der praktische Nutzwert ist wie beim G4 gering. Aber das Fahrzeug hat einen deutlichen Vorteil gegenüber dem G4: Es kann alles, was es verspricht. Mit Bravour. Wenn auch ohne Sinn.

Damals, 1938, ist Werlin schon Wochen später wieder dabei, als es um die Volksabstimmung für den Anschluss geht. Ein Bild zeigt Hitler im Zug an einem Bahnhof in Österreich, wie er lächelnd am Fenster stehend die ihm den Arm entgegenstreckenden Anhänger begrüßt. Werlin steht am ebenfalls offenen Fenster neben dem Hitlers, lächelt etwas unsicher, hebt den Arm verdruckst. Er weiß, dass die Begeisterung und der Gruß nicht ihm gelten.

Obersalzberg – Die Nacht des Wartens

Mit Österreich war es bekanntermaßen nicht getan, das Sudetenland und dann gleich die Tschechei, das Memelland folgten, und jetzt war Polen an der Reihe. Hitler, der sich schon fast den ganzen Sommer 1939 auf dem Obersalzberg aufgehalten hatte, empfing dort fünfzig Militärs, die er auf die Zerschlagung Polens einstimmte. Längst ging es nicht mehr um den Danziger Korridor, vielmehr eröffnete der kurz vor dem Abschluss stehende Nichtangriffspakt mit der Sowjetunion die Chance, das dort als deutsche Einflusssphäre ausgewiesene Gebiet komplett zu unterwerfen.

Der Vertrag sollte durch Außenminister Ribbentrop in Moskau zu Ende verhandelt und abgeschlossen werden. Hitler wollte schon am 26. August in Polen einfallen, jetzt, am 23. August, war Ribbentrop in Moskau, und der „Führer" wartete auf dem Obersalzberg auf Nachricht.

Eva Braun selbst fotografierte morgens Goebbels und andere Größen, der gesamte Hofstaat hatte sich eingefunden, um mit Hitler auszuharren. Mit dabei: Jakob Werlin. Offenbar versuchte man, sich zur Verkürzung des Wartens einen Film anzuschauen, aber auch das war wohl nicht geeignet, die Spannung zu lösen. Als nach Mitternacht die Nachricht von Ribbentrop eintrifft, dass der Vertrag unterzeichnet ist, wird auf dem Berghof gefeiert wie noch nie zuvor, so erzählt es später einer der Teilnehmer. Die Damen haben sich extra nochmal umgezogen, es werden Häppchen gereicht, dazu gibt es Sekt.

Werlin und die anderen Bewunderer, Unterstützer, Helfer des „Führers" feiern den kommenden Krieg. Die nächsten Wochen entfesselten alles, was in den nächsten Jahren grausamer Standard in den besetzten Gebieten werden sollte: Massenmorde durch die Einsatzgruppen der SS.

Fünf Wochen nach dem Knallen der Sektkorken auf dem Obersalzberg waren 65.000 polnische und 15.000 deutsche Soldaten tot und mindestens 7.000 Zivilisten ermordet – der Auftakt zum großen Töten und Sterben.

Nationalsozialist Werlin – Freund des „Führers"

„Er war dem Mann restlos verfallen." So sagt es der Daimler-Angestellte Oberbaurat Fritz Schmidt Jahre später in Werlins Spruchkammerverfahren. Und in Ian Kershaws großer Hitlerbiografie finden wir zwar auf den mehr als tausend Seiten keine einzige Erwähnung von Jakob Werlin, dafür aber ein Foto vom Ausstellungsraum der von Werlin geleiteten Verkaufsniederlassung in München: Mehrfach überlebensgroß hängt dort ein Bildnis des uniformierten Adolf Hitler mit Armbinde und in die Weite gerichtetem Blick. Links und rechts daneben nicht etwa Mercedes-Sterne, sondern große Hakenkreuze. Die im Raum aufgereihten Fahrzeuge wirken fast klein in dieser Ruhmeshalle des „Führers".

Das ganze Unternehmen hatte sich optisch schnell mit dem neuen Regime arrangiert, und die Hakenkreuzflaggen hingen bei Betriebsversammlungen, Jubiläen, in der Ausbildungswerkstatt prominent neben dem Stern. Spätestens in Werlins Niederlassung war die Verbeugung vor der politischen Autorität sichtlich aus dem Ruder gelaufen.

Hitler und Werlin kannten sich, wie wir gesehen haben, seit den frühen zwanziger Jahren. War er nur ein prominenter Kunde wie viele andere in München? Wusste Werlin von den bösartigen rednerischen Ausfällen seines Kunden gerade 1922 in den Bierhallen Münchens, von den Hetzreden gegen die „Novemberverbrecher", gegen die Juden? 1922 war Hitler in Deutschland noch ein Unbekannter, aber in der rechtsnationalen Szene Münchens kam man an ihm kaum noch vorbei, die Zeitungen berichteten. Spätestens seit dem Putschversuch wusste Werlin, was sein Kunde und Freund trieb.

Aber die Münchner Gesellschaft hatte wenig Berührungsängste, und Hitler hatte seine Unterstützer bis in großbürgerliche Kreise hinein, Werlin war in guter Gesellschaft.

Parteimitglied wurde er erst Anfang 1933, zwar noch vor den „Märzgefallenen", die ihr Mäntelchen nach der Wahl noch eilends in den Wind hängten, aber zum „Alten Kämpfer" wurde er mit diesem Eintrittszeitpunkt auch nicht. Auf seinem SS-Personalbogen sind einige vorgedruckte Parteitage und Aufmärsche in der zweiten Hälfte der zwanziger Jahre unterstrichen, was bedeutete, dass er teilgenommen hatte. Dies wies er später zurück, er sei da niemals gewesen, so etwas hätte ihn nie interessiert. Vielleicht wollte er damals in der SS mit Engagement in früheren Jahren auftrumpfen, das in Wirklichkeit gar nicht vorgelegen hatte.

Die SS-Ehrenmitgliedschaft habe ihm Himmler 1934 in Berlin oktroyiert, er habe keine Chance gehabt, das zu verhindern. Für seine Darstellung spricht, dass er, wie in seiner SS-Personalakte nachzulesen ist, über viele Monate den verlangten Personalbogen nicht ablieferte und immer wieder lokale Emissäre der SS in München in der Niederlassung auftauchten, nur um zu erfahren, dass Werlin wieder mal auf Reisen war und den Bogen immer noch nicht ausgefüllt habe.

Ständige Abwesenheiten sind ein wiederkehrendes Thema, es gab Dienstreisen in Vertriebsangelegenheiten, nach 1933 dann auch in verschiedene Länder Europas und darüber hinaus, außerdem musste er zu Vorstandssitzungen nach Untertürkheim oder in andere Werke, denn ein Büro hatte er offenbar nicht in Stuttgart, er wohnte weiterhin in München. Eines der wichtigsten Themen seiner Abwesenheiten: Er begleitete Adolf Hitler. Wir finden immer wieder Erwähnungen seiner Anwesenheit in den zahllosen Memoiren aus Hitlers enger Umgebung. So war er bei den Wagner-Festspielen in Bayreuth 1932 im Tross des „Führers", und seine Mitgliedschaft im „Hofstaat" (Heike B. Görtemaker, Hitlers Hofstaat) auf dem Obersalzberg haben wir beleuchtet. Sogar in der Wolfsschanze (dem Hauptquartier Hitlers an der Ostfront) tauchte er während des Krieges auf, ging mit Hitler und dessen Schäferhund auf eine Wiese zum Hundesport, besuchte Hitler zusammen mit Ferdinand Porsche. Über die Volkswagenaktivitäten hatte er oft den direkten Kontakt mit Hitler in Berlin. Die Büros des Generalinspektors für das Kraftfahrzeugwesen befanden sich direkt in der Reichskanzlei neben dem „Balkonzimmer". Er beantragte persönlich und handschriftlich einen der Ausweise, die ihm das jederzeitige Betreten der Reichskanzlei und der Wohnräume des „Führers" gestatteten und bekam ihn auch.

Picknick Sommer 1931 in Bayreuth, Werlin im Vordergrund, dritter von links, rechts neben ihm Adolf Hitler.

Das Dabeisein beim Einmarsch in Österreich und bei der anschließenden Volksabstimmung hatte vielleicht noch mit Werlins Status als einem in Österreich Geborenen und Aufgewachsenen zu tun. Erstaunlicher ist dann die Entdeckung, dass Jakob Werlin und auch Ferdinand Porsche, der später den nur an Technik und Fahrzeugen interessierten Fachmann geben wird, den „Führer" 1938 nach Reichenberg im Sudetenland begleiteten. Reichenberg – heute Liberec – war nicht weit von Porsches Geburtsort gelegen, in Reichenberg hat Porsche Abendkurse in Elektrotechnik absolviert. Fotos zeigen ihn und Werlin an einem Tisch in Hitlers Zug sitzend, auf einem Foto sitzt auch Hitler mit im Abteil. In Reichenberg wird Hitler dann in

In Hitlers Zug auf der Fahrt nach Reichenberg im Sudetenland 1938: Werlin und Ferdinand Porsche.

einer Rede seine Vorstellungen von nationalsozialistischer Erziehung ausbreiten.

Hitler zeigt auf, wie die Jungen schon als Kinder zum Jungvolk kommen, dann in die Hitlerjugend, zum Arbeitsdienst verpflichtet werden, eintreten in die SA und SS, zur Wehrmacht eingezogen werden, und er schließt: „Sie werden nicht mehr frei ihr ganzes Leben, und sie sind glücklich dabei."

Welche Stufen dieser Einbindung Werlins jüngere Söhne zu diesem Zeitpunkt schon absolviert haben, wissen wir nicht. Auch nicht, ob Werlin sich damit anfreunden konnte, dass seine Kinder nie mehr frei sein sollten von der Umarmung durch die Nationalsozialisten.

Aber Werlin war wohl auch in diesen Fragen nicht weit entfernt von Hitler. Als ihn die Amerikaner nach dem Krieg einen Fragebogen ausfüllen lassen, welchen Organisationen er angehört hatte, kreuzt er wahrheitsgemäß NSDAP und SS an, aber er trägt in ein freies Feld auch „Lebensborn" ein. Der war wohl weniger das in Nachkriegszeiten lüstern kolportierte Bordell für hünenhafte SS-Männer und blonde nordische Frauen, aber es war eine nationalsozialistische Sozialveranstaltung u.a. mit Heimen für ledige Mütter, die ihr „arisches" Kind austragen und nicht abtreiben sollten. Die Ideologie hieß Nordische Rasse, und von einem solchen Rassedenken zum Verbrechen war es dann auch kein großer Schritt, wenn in den besetzten Gebieten „nordisch" aussehende Kinder den Eltern geraubt und nach Deutschland in Lebensborn-Heime gebracht wurden. Das wusste Werlin vermutlich nicht, aber die Ideologie der SS-Organisation Lebensborn war klar und unmissverständlich.

Eines der Symbole dieser nordischen Mythologie und zugleich eine der Auszeichnungen, die der Freundeskreis Reichsführer SS verlieh, war der „Julleuchter", ein Kerzenleuchter, den man als SS-Mitglied prominent im

Wohnzimmer zusammen mit Kriegsabzeichen, Familienbildern usw. fast wie auf einem Altar ausstellen sollte. Gefertigt wurde der Tonleuchter in Konzentrationslagern. Auf einem Personalbogen der SS kreuzt Werlin an, dass er einen solchen Leuchter besitzt.

Werlin gewandete sich gerne in SS-Uniform, das sieht man auf zahlreichen Fotos. Auch damit zeigt er hohe Identifikation mit den Nationalsozialisten.

Aber auch antisemitische Äußerungen zählen zu seinem Arsenal, wenn er bei Konkurrenten (Horch, Opel) auf jüdische Inhaber hinweist. In der motorsportlichen Rivalität zwischen Daimler und Auto Union über Subventionen für Rennwagen-Projekte denunziert er die Frau des Auto-Union-Rennfahrers Hans Stuck als „Halbjüdin". Die Journalistin Paula Stuck war eine eifrige und erfolgreiche Propagandistin für ihren Mann und Auto Union, was der bei Rennen und Weltrekordversuchen in diesen Monaten weniger erfolgreichen Daimler-Benz AG ein Dorn im Auge war. Werlin fragt bei Reichspressechef Otto Dietrich an, ob dieser Dame nicht „das Handwerk gelegt" werden sollte.

Der Daimler-Benz Vorstandsvorsitzende Kissel stellt in einem Schreiben vom 29. März 1934 an Jakob Werlin Überlegungen an, ob man den Konkurrenten Auto Union nicht generell noch stärker mit antisemitischen Argumenten schädigen könne. Dabei geht es z.B. um die Horch-Werke, in deren Aufsichtsrat und Vorstand jüdische Personen gewirkt haben, es geht um die „jüdische Frau" des aktuellen Vorstandssprechers der Auto Union Klaus von Oertzen und ganz generell um das „jüdische Odium", das über Auto Union liege. Das waren zwar nicht Werlins Worte – er war der Empfänger dieser Zeilen –, aber Kissel hätte sie wohl kaum so offen kommuniziert, wenn er nicht sicher sein konnte, mit solchen Überlegungen bei Werlin nicht auf Empörung oder gar Granit zu stoßen.

Hitler und Werlin tauschen bis in die vierziger Jahre handschriftliche Geburtstagsgrüße aus, aber es geht zwischen ihnen nicht nur um das rein persönliche. So telegraphiert Werlin nach der Besetzung von Paris und beglückwünscht Hitler zum „beispiellosen Sieg": „Nicht viele Deutsche wissen, wie groß Ihre vorangegangenen Sorgen und Mühen, wie unerschütterlich aber auch stets Ihr Glaube und Wille zum Sieg waren, der nun die Krönung Ihres Lebens bedeutet … In herzlicher Verbundenheit gedenke ich dieses größten geschichtlichen Augenblicks." Wie wir heute wissen, plante Hitler allerdings noch eine ganze Menge weiterer „geschichtlicher Augenblicke".

Zum Jahreswechsel 1942/43 telegrafiert Werlin an Hitler u.a.: „Mein innigster Wunsch ist, dass Ihnen Gesundheit und Kraft weiterhin erhalten bleiben mögen. Darin sieht das Volk die beste Gewähr für ein glückliches siegreiches Ende." Da sich zur gleichen Zeit die Schlacht um Stalingrad in eine für die Deutschen aussichtslose Lage entwickelt hatte, dürften zumindest informierte Teile des Volkes sich nicht nur um die Gesundheit Hitlers Gedanken gemacht haben.

Auch mit Göring pflegt Werlin offenbar einen Austausch, der über das rein persönliche hinausging. Im Bundesarchiv Berlin liegt ein Telegramm, in dem sich Generalfeldmarschall Göring für ein Lob Werlins für seine Rede im Oktober 1942 im Sportpalast bedankte.

Hitlers Leibarzt Dr. Karl Brandt, der dafür gesorgt hat, dass Werlins kriegsverletzter Sohn Otto einen Platz im Erholungsheim Garmisch-Partenkirchen bekommt, empfängt von Werlin folgenden Gruß: „Heil und Sieg dem FÜHRER und zugleich meine besten Wünsche zu den bevorstehenden Feiertagen und zum Jahreswechsel. Das Jahr 1943 muss das Jahr des Sieges werden!"

Die Frage, ob wir Jakob Werlin damit als Nationalsozialisten betrachten dürfen, ist mit all diesen Hinweisen weitgehend beantwortet.

Nicht zuletzt in seinen Zeitungsartikeln lobt er Hitler über alle Maßen. Sicher hat sein Nationalsozialismus etwas mit seiner fatalen Freundschaft mit Hitler, mit seiner grenzenlosen Bewunderung für diesen Mann zu tun. Der eingangs zitierte Oberbaurat Schmidt hat in seiner oben angesprochenen Aussage noch einen weiteren Spruch von Werlin zu Hitler parat: „Wenn er nicht mehr lebt, will ich auch nicht mehr leben."

Die SS-Personalsachbearbeiter sind jedenfalls mit Werlin bis in die vierziger Jahre hinein zufrieden. Gleich mehrere Beurteilungsbogen schildern sein „rassisches Gesamtbild" als vorwiegend nordisch, bescheinigen ihm einen anständigen Charakter mit Durchsetzungsstärke, gesundem Menschenverstand und guter Allgemeinbildung sowie einer gefestigten nationalsozialistischen Weltanschauung. Sein außerdienstliches Verhalten: ohne Tadel.

Was all dies zeigt: Es wäre falsch, Werlins Nationalsozialismus nur auf persönliche Gefühle zu Hitler zu reduzieren. Was zählt, ist vor allem sein Handeln für den Nationalsozialismus, in vielfältiger Form, wie wir es bisher geschildert haben und auch im weiteren Verlauf der Biografie erleben werden.

Aber sein Eintreten für andere gegen die Erwartungen der Exponenten des Regimes durchbricht das Bild immer mal wieder, ohne am grundlegenden Befund etwas zu ändern.

Jakob Werlin
und der Volkswagen

Hitlers Steckenpferd

Die Geschichte des Volkswagens und seines Konstrukteurs Ferdinand Porsche ist eine oft erzählte. Je tiefer man in diese Geschichte eintaucht, umso verrückter wird sie. Täuschung, Manipulation, Genialität, Größenwahn und Unfähigkeit sind Ingredienzen, und Werlin ist mittendrin, als Strippenzieher, Opportunist, Karrierist, oft auf dünnem Eis unterwegs. Aber die Frage, ob es die später einmal mehr als zwanzig Millionen „Käfer" auch ohne seinen Beitrag in den dreißiger Jahren gegeben hätte, ob das Unternehmen Volkswagen ohne ihn einen Erfolg gehabt hätte, die darf man stellen und die Antwort lautet: nein.

Schon 1932 diskutiert Hitler mit seinem Freund und persönlichen Automobilexperten Jakob Werlin die Frage der Massenmotorisierung, eines von Hitlers Steckenpferden. Der deutsche Arbeiter soll die Möglichkeit haben, ein Auto zu fahren, das Auto soll nicht nur den Wohlhabenden zur Verfügung stehen – eine Haltung zu verorten zwischen Sozialismus, Modernität, Technikglaube. Für Hitler ist der Volkswagen nicht zuletzt auch ein völkisch-nationales Prestige-Projekt.

Die Automobilindustrie ist „not amused", ihr Verbandspräsident Allmers, Werlins früherer Chef bei Hansa-Lloyd, will staatliche Lenkungseingriffe in die Industrie verhindern. Wer wird von diesen Volkswagen-Ideen profitieren? Am ehesten wohl die deutsch-amerikanische Firma Opel, die als einzige die Fertigungsmethoden der großen amerikanischen Automobilunternehmen eingeführt hat, d.h. rationell und preiswert fertigen kann und die auch passende Produktangebote im Portfolio hat.

Allmers schlägt ein gemeinsames Vorgehen der Automobilindustrie vor. Wenn es schon sein muss, dann will man das Heft in der Hand behalten.

Daimler-Chef Kissel, der schon früh auf die Karte der Nationalsozialisten gesetzt hat, fordert seinen Vorstandskollegen Werlin auf, näher zu sondieren, „was der Führer will", auch er will die Initiative zurückgewinnen.

Der BMW-Direktor und Daimler-Aufsichtsrat Popp hält das Ganze für verfehlt. Wo ist der Markt? Die Arbeiter haben nicht so viel Geld, das wahre Volksautomobil sollte der Omnibus sein, wie er Kissel schreibt, den hätte Daimler-Benz bereits im Portfolio.

Alle sind sich einig, die Preisvorstellungen des „Führers" von 1.000 Reichsmark sind nicht zu erreichen, schon gar nicht brutto, und wenn es politisch doch durchgedrückt werden soll, wer wird dann die Zeche bezahlen? Die Automobilindustrie, ihre anderen Kunden, die Zulieferer?

Ferdinand Porsche und Jakob Werlin im Doppelpass

Und schnell taucht ein Name auf, den jeder kennt. Jakob Werlin hat den Mann vor Jahren beim Solitude-Rennen in Stuttgart mit Hitler bekannt gemacht. Allerdings hat Ferdinand Porsche, um den es hier geht, diese Begegnung vergessen. Porsche, der Mann aus Österreich mit der noch tschechischen Staatsbürgerschaft, der schon für Austro-Daimler, für Steyr, aber auch einige Jahre als Direktor für Daimler-Benz gearbeitet hat. Von dort ist er in Unfrieden geschieden, es ging um Geld, aber auch um die Frage der genialen, aber nicht unbedingt erfolgreichen Konstruktionen. Es ging um Zusammenarbeit und Arbeitskultur bei Daimler, in die der hemdsärmelige Ferdinand Porsche nicht passte. Zeitweilig war das Tischtuch komplett zerschnitten, Daimler-Mitarbeitern wurde für den Fall von Kontakten mit Porsche oder dessen Frau die Entlassung angedroht.

Und obwohl aus der Industrie heftiger Gegenwind gegen das Projekt Volkswagen und die dazu ergangenen Vorgaben kam („Unfug"), schrieb Verbandspräsident Allmers im Mai 1934 an das Verkehrsministerium, dass die Automobilindustrie „ihre ureigenste Aufgabe … im nationalsozialistischen Geist" lösen, Gemeinnutz vor Eigennutz stellen werde.

Aber Werlin und Porsche waren der Industrie und dem Verband immer schon einen Schritt voraus, diskutierten die Themen mit Hitler direkt und ohne vorherige Absprachen und trieben alle anderen ein Stück vor sich her oder ließen sie links liegen.

So trafen sich Hitler, Werlin und Porsche irgendwann im März/April 1934 im Hotel Kaiserhof in Berlin. Der technikverliebte Hitler legte in einer „Suada" (Mommsen in seiner Geschichte des Volkswagenwerks) seine Vorstellungen vor: ein robustes Fahrzeug, leichte Austauschbarkeit von Aggregaten und Teilen, Vierradantrieb (!), ein luftgekühlter Dreizylinder-Diesel-Motor (!!), 30 PS, das alles möglichst leicht. Dass es noch keinen dieselgetriebenen PKW gab und schon gar nicht mit Luftkühlung, störte ihn nicht. Neu war, dass Hitler die militärische Verwendungsmöglichkeit ins Spiel brachte, die ihm auch ganz wichtig war und die seine Anforderungen bestimmte.

In diesem Gespräch mit Hitler hatten Porsche und Werlin einen Pflock gesetzt, und Werlin konnte seinen Vorstandsvorsitzenden Kissel überzeugen oder wenigstens überreden, dass er Porsche mit seinem Konstruktionsbüro als Auftragnehmer für die Konstruktionsarbeiten am Volkswagen bei Hitler vorschlagen möge.

Und so kam es dann zum Vertrag zwischen dem Reichsverband der Deutschen Automobilindustrie (RDA) und Ferdinand Porsche, ein Vertrag, der den RDA am Ende fast zwei Millionen Reichsmark kosten wird. Zeitliche und finanzielle Vorgaben des Vertrages waren zwar völlig unrealistisch, aber Porsche hatte – wie angestrebt – den Auftrag, den Volkswagen zu entwickeln. „Königsmacher" (Mommsen) war Jakob Werlin, der Porsche gegen die Bedenken aus der Automobilindustrie bei Hitler und Kissel protegierte.

Die Kalkulation des Volkswagens blieb ein Problem, das Kostenziel weiter unrealistisch. In der Motorenfrage gab es den Irrweg eines Zweitakters, bis im Juni 1936 Franz Xaver Reimspieß – auch ein Österreicher – mit seinem Entwurf eines luftgekühlten Viertakters mit vier Zylindern im Boxerprinzip bei Porsche Eindruck machte und der VW-Motor, an dessen Klang man einen VW-Käfer auch noch im nächsten Jahrtausend erkennen sollte, geboren war.

Mit Hilfe von Werlin informierte Porsche 1934 und 1935 Hitler in direkten Gesprächen und konnte damit den RDA bei der Frage der Verlängerung seines Konstruktionsvertrages unter Druck setzen. Hitler sei bereit, die notwendigen Finanzmittel zur Projektfortführung zur Verfügung zu stellen, falls die Automobilindustrie, der RDA, dies nicht wolle oder könne.

Und wieder war es Werlin, der Porsche die Gelegenheit verschaffte, Hitler einen Versuchswagen in München vorzustellen. Der RDA war nicht eingeladen zur Vorstellung des von ihm finanzierten Projekts und rächte sich mit einer Denkschrift, die sowohl die technischen Lösungen von Porsche angriff als auch hervorhob, dass die kalkulierten Kosten noch immer bei 1.600 RM lagen und es zu diesem Preis schon heute Fahrzeuge (Opel) am Markt gäbe. Doch die Saat von Porsche und Werlin bei Hitler ging auf, der Reichskanzler kanzelte mit seiner Rede zur Eröffnung der Automobilausstellung 1936 die Automobilindustrie ab, bescheinigte Porsche Genialität und kündigte an, die weiteren Vorarbeiten für den Volkswagen und die Volksmotorisierung mit „rücksichtsloser Entschlossenheit" durchführen zu lassen.

Um Schadensbegrenzung bemüht, schalteten sich Vertreter der Automobilindustrie in Porsches Verhandlungen mit der Zulieferindustrie ein, insbesondere bei Stahl- und Aluminiumpreisen, um dem Kostenziel näher zu kommen. Sondervorteile nur für den Volkswagen wollten sie natürlich nicht zulassen. Die Stahl- und Aluminiumindustrie ließ sich nicht durch Drohungen mit dem „Führerwillen" einschüchtern oder durch Appelle an den „Opferwillen aller", so Kissel, motivieren. Werlin erwog, die Widerspenstigen zu einem Gespräch mit Hitler einzuladen, damit der ihnen sage, was Sache ist.

Werlin, dem es offenbar nicht gelang oder der es gar nicht ernsthaft versuchte, ein von der Automobilindustrie gewünschtes Treffen mit Hitler einzufädeln, weil Hitler keine Lust auf die Auseinandersetzung hatte, gelang es dann aber wieder mühelos, am 11. Juli 1936 eine weitere exklusive Vorführung von zwei Versuchswagen auf dem Obersalzberg zu arrangieren. Von einem der Wagen wurde in der Mittagszeit die Karosserie abgenommen, damit Hitler auch erläutert werden konnte, wie man eine militärische Version gestalten könnte. Als es um den Preis ging, wurde der „Führer" mehr oder weniger angelogen, kalkulierte Kosten von 940 RM als erzielbar genannt und ein Verkaufspreis von 1.200 RM. Hitler meinte, 50 RM müssten als Verkaufsaufwand und -erlös genügen, dann wäre man bei 990 RM.

Auftritt Deutsche Arbeitsfront

Es blieb noch die drängende Frage der Produktion. Die Überlegungen, dass die Automobilfirmen die Fertigung irgendwie arbeitsteilig machen könnten, waren nie konkreter geworden. 80 bis 90 Millionen für eine neue Fabrik sollten reichen, so Hitler, um zunächst eine Serie von 100.000 Fahrzeugen aufzulegen und dann folgend 300.000 im Jahr herauszuhauen.

Bei einer RDA-Sitzung, an der Porsche und Werlin teilnahmen, war Allmers erwartungsgemäß verbittert, musste dann aber später letztlich auch die Finanzierung der ersten 30 Wagen für den Großversuch in Höhe von einer Million RM genehmigen, alles Dinge, die eigentlich nichts mehr mit der Aufgabe des RDA als Interessenverband zu tun hatten. An diesem Auftrag wollten dann auch Adler und Auto Union beteiligt werden, aber Daimler-Chef Kissel hatte in seinem Haus schon intern den Auftrag vergeben und von Porsche die Unterlagen bekommen. Gegenüber Auto Union und Adler ließ er jetzt wissen, dass Hitler diese Versuchsfertigung bei Daimler persönlich in Auftrag gegeben habe und auch bezahlen wolle. Dabei stützte er sich auf Werlin, aber diesmal glaubten die anderen ihm nicht. Werlin musste daraufhin mehrfach darauf drängen, dass Hitler diese Entscheidung für Daimler bestätigte – oder überhaupt traf –, was ihm dann auch gelang. Er hatte sich mal wieder herausgewunden. Die 30 Fahrzeuge wurden bei Daimler-Benz gebaut, mit erheblichen Nachbesserungen seitens Daimler-Benz auch in konstruktiver Hinsicht. Der Erfinder des Automobils darf sich seither auch zu Recht als Geburtshelfer des Volkswagens fühlen („Ohne Daimler kein VW", so Christof Vieweg in „Die Zeit").

Bezeichnenderweise verhandelten Porsche und Daimler in jenen Tagen über einen dauerhaften Vertrag über Konstruktionsleistungen, z.B. für einen Weltrekordwagen und für Rennwagen. Gleichzeitig wurde vereinbart, dass Porsche nicht länger für die Auto Union arbeitete. Und wieder war es Werlin, der dies beförderte, denn, so sagte er es im Daimler-Benz-Vorstand, der „Führer" würde eine solche Verbindung zwischen Daimler und Porsche sicher begrüßen. Wie war das noch, wenige Jahre zuvor: Angestellte, die Kontakte zu Porsche hatten, sollten gekündigt werden – Tempora mutantur.

Und Werlin hatte noch einen Schachzug vorbereitet: Zum Thema Volkswagen, so wurde auf seinen Wunsch beschlossen, wurde Opel beim RDA nicht mehr eingeladen, dies sei eine rein nationale Angelegenheit.

Die Frage der Produktionsstätte für den Volkswagen war weiter offen. Kissel spielte mit dem Gedanken, selbst eine erste größere Serie in Sindelfingen zu bauen. Der RDA hatte sich finanziell schon stark verausgabt, die Finanzierung einer Fabrik war völlig außerhalb seiner Möglichkeiten.

Die Lösung ist bekannt, und auch die kam erst nach vielen Wendungen zustande und war auch in ihrer Tragweite zunächst unklar: Die Deutsche Arbeitsfront (DAF) unter Robert Ley sollte einspringen. Die hatte 1933 das Vermögen der Gewerkschaften „übernommen", einschließlich Unternehmen wie Banken, Wohnungsbaugesellschaften etc. Geld war in Fülle vorhanden.

Dazu hatte BMW-Direktor Popp schon seit einer Weile Vorschläge gemacht, wobei er das ganze Thema zum Wohl der Automobilindustrie auf die Mitglieder der Deutschen Arbeitsfront beschränken wollte: nur die sollten den Wagen kaufen dürfen (einen Mercedes konnten sie sich ohnehin nicht leisten), die DAF sollte auch Verkauf und Wartung übernehmen, sogar Fahrschulen organisieren.

Auch hier zeigte Werlin seinem Aufsichtsratsmitglied Popp, wer die eigentlichen Akteure im Thema waren, und ließ ihn mit seinen Überlegungen links liegen. Als es dann doch zur Mitwirkung der DAF auf die beschriebene Weise kam, wurde Popps Überlegung nicht gewürdigt. Noch in den fünfziger Jahren schrieb Popp Artikel zu seinem Beitrag zu Volkswagen, die ihm aber nicht den Ruhm einbrachten, den er für sich reklamierte.

Eine erste Folge des DAF-Engagements war eine touristische: Der im Rahmen der „Kraft durch Freude" u.a. für Tourismus zuständige junge Jurist Bodo Lafferentz, den die DAF dann auch mit dem Thema Volkswagen betraute, fuhr mit Ferdinand Porsche, Jakob Werlin und anderen auf dem KdF-Schiff Sierra Cordoba nach Norwegen. Dort wurde offensichtlich alles wesentliche ausgehandelt. Unmittelbar danach, am 28. Mai 1937, wurde die Gezuvor GmbH gegründet, die Gesellschaft zur Vorbereitung des Deutschen Volkswagens mbH.

In einer vorausgegangenen Sitzung mit dem RDA hatte Werlin den Ausstieg des RDA und den Einstieg der DAF herbeigeführt.

Im Grunde trat die DAF dann nur in den Vertrag Porsches mit dem RDA ein, zum Thema Finanzierung und Realisierung der Produktion war damit noch nicht viel geregelt.

Geschäftsführer der Gezuvor wurden Ferdinand Porsche, Jakob Werlin und Bodo Lafferentz. Jetzt war Werlin auch offiziell mit dem Projekt betraut, nachdem er sich vorher über Jahre als informeller Koordinator und vor allem als Sprachrohr, aber auch Einflüsterer von Adolf Hitler in dieser Frage eine faktische Machtposition verschaffte, die im Haifischbecken der unterschiedlichen Interessenlagen der Akteure aber auch immer gefährdet war. Er war nicht davor zurückgeschreckt, andere zu brüskieren (Popp, Allmers), seinen eigenen Vorstandsvorsitzenden Kissel wie auch den Daimler-Aufsichtsratsvorsitzenden von Stauß einzuspannen, sie aber auch zu anderer Gelegenheit ohne Informationen im Unklaren zu lassen und im Zweifel allein seine eigenen Interessen zu verfolgen.

War Werlin bei Daimler-Benz bei kritischer Betrachtung kaum mehr als der Verkaufsleiter München und zusätzlich eine Art Außenbeauftragter des Unternehmens, so hatte er jetzt die offizielle Kompetenz zur Entwicklung eines großen Projekts, welches das Gefüge der deutschen Automobilindustrie erheblich verändern sollte. Und wenn er schon bisher nicht notwendig nur im Interesse seines Unternehmens, der Daimler-Benz AG, gehandelt hatte, was sicherlich an seiner Loyalität manchen Zweifel weckte, so war solches Handeln nun durch seinen weiteren Auftrag, die Entwicklung und Produktion des Volkswagens, in vollem Umfang gedeckt.

Eine vergnügliche Reise ins Mekka der Automobilproduktion

Im Juni 1937 sind sie wieder auf der Reise, diesmal in die USA: Porsche und sein Sohn Ferry, Lafferentz, Werlin und weitere. Ihr Ziel: Detroit, das Mekka der Autoindustrie. Werlins Aufgabe und die seiner Geschäftsführungskollegen war das Studium amerikanischer Automobilproduktion, vor allem der Besuch des Ford-Werks River Rouge in Dearborn. Studium des amerikanischen Produktionslayouts, der geplante Kauf amerikanischer Maschinen und sogar die Abwerbung von mindestens 15 deutsch-amerikanischen Technikern und Facharbeitern zeigten ein klares Ziel: Orientierung am Benchmark der Besten, auch wenn dies zurück in Deutschland verbrämt formuliert wurde.

Passenderweise wird auch heute im River Rouge Komplex ein Fahrzeug produziert, das aktuell als Volkswagen der USA gelten muss: Der mächtige Pick-Up Ford F-150, das meistgekaufte Fahrzeug in den USA.

Genaueres zum Besuchsprogramm erfahren wir in Ferry Porsches Erinnerungen (John Bentley/Ferry Porsche, Ein Traum wird Wirklichkeit). Ferdinand Porsches Sohn Ferry – eigentlich hieß er auch: Ferdinand – war am Volkswagen wie an allen Projekten des Seniors beteiligt. Die Gruppe besuchte Maschinenbauer, Karosseriespezialisten, Punktschweißspezialisten und besichtigte die Fabriken von Ford. Sie kauften sich auch einen „kleinen" Ford V8, den sie für ihre Fahrten durch das Land benutzten und den sie auch mit nach Europa nahmen. Ein Höhepunkt war ein Gespräch bei Henry Ford persönlich, der sie nach ihren Meinungen zu den europäischen Fahrzeugen und zur europäischen Automobilindustrie befragte. Eine Gegeneinladung nach Europa lehnte Henry Ford ab: „Die Welt ist aus den Fugen geraten. Selbst ein Krieg scheint nicht ausgeschlossen." Die Besucher schwiegen bestürzt, beschämt. Mit Sicherheit kannten sie Henry Fords antisemitische Äußerungen, die lobende Erwähnung Fords durch Hitler in „Mein Kampf", Fords Sympathie für die Nationalsozialisten. Umso mehr muss sie die schroffe Ablehnung ihrer Einladung gekränkt haben. Aber allein die Tatsache dieser Audienz war für die Mitglieder der Reisegruppe vorteilhaft. In einer Stellungnahme in Werlins Spruchkammerverfahren wird Daimler-Benz später herausheben, dass Werlin gute Kontakte in die Automobilindustrie hatte und sogar Henry Ford persönlich kannte.

Allerdings war das Studium amerikanischer Produktionsmethoden nicht das einzige Ziel der Reise. Auf einem Bild sieht man an Bord der

„Bremen" auch Werlins Frau Eglantine und einen weiteren jungen Mann, den Werlin wahrscheinlich schon von seinen Rennstreckenbesuchen kennt: Bernd Rosemeyer. Der Auto Union-Rennfahrer und Werlin stehen sich in der Gruppe direkt gegenüber, unterhalten sich intensiv, Frau Werlin lehnt sich in Richtung ihres Mannes, um das Gespräch zu verfolgen. Auch sie war schon früher an den Rennstrecken dabei, es gibt Bilder, auf denen sie fröhlich lachend die Sieger feiert, sie wird Rosemeyer, den schillernden Star der Szene, und seine Frau Elly Beinhorn, eine kühne Fliegerin, gekannt haben. Diese beiden, Rosemeyer und Beinhorn, sind verbunden mit der Partei, lassen sich von ihr feiern, Rosemeyer ist wie Werlin und auch Ferdinand Porsche SS-Mitglied. Bernd Rosemeyer und Elly Beinhorn sind das Glamourpaar der NS-Zeit.

Und wie man in Elly Beinhorns „Mein Mann der Rennfahrer" nachlesen kann, waren noch viel mehr Bekannte auf der MS „Bremen" dabei: die kompletten Rennmannschaften von Daimler-Benz und Auto Union unterwegs zum Vanderbilt Cup Race auf dem Roosevelt Raceway auf Long Island. Man ließ es sich gut gehen auf dem Luxusdampfer mit Schwimmbad, Gymnastikraum, Sportdeck und mitternächtlichem Tanz zur Musik einer, wie Beinhorn schreibt, „ausgezeichneten Zigeunerkapelle" – ob die Musiker die kommenden Jahre überlebt haben? Ferry Porsche wird später in seinen Erinnerungen erzählen, dass er bei diesen nächtlichen Tanzveranstaltungen mit den Töchtern einer jüdischen Familie getanzt hat, was ihm eine rüde Zurechtweisung durch einen Journalisten eingebracht habe. Dagegen habe er sich massiv zur Wehr gesetzt. Die in seinen Erinnerungen mehrfach beschworene Nichtangepasstheit und Skepsis reichte aber nicht weit: Wie sein Vater, Werlin und Rosemeyer wurde auch er Mitglied der SS, nach seinen Angaben ist ihm die Mitgliedschaft unfreiwillig aufgedrängt worden

Die Mercedes-Rennfahrer waren wie die der Auto Union an Bord, für „Caratsch" Caracciola war es gleichzeitig die Hochzeitsreise. Rosemeyers Kollege Ernst Delius ist dabei, der wenige Wochen später auf dem Nürburgring mit dem ebenfalls mitreisenden englischen Mercedes-Piloten Richard Seaman kollidieren und sterben wird – und auch Seaman wird 1939 in Spa-Franchorchamps tödlich verunglücken. Aber an Bord der „Bremen" und auch auf Long Island sind alle glücklich, offenbar sehr freundschaftlich miteinander verbunden, und der blonde Star Bernd Rosemeyer wird das Rennen auf Long Island kurze Zeit später auf dem engen, kurvenreichen und unebenen Kurs gewinnen, auch wenn dieser den deutschen Rennwagen überhaupt nicht entgegenkam und die Fahrer massiv beanspruchte. Zweiter wurde Seaman auf Mercedes-Benz, der während des Rennens sogar noch gute Chancen auf den Sieg hatte. Auf der Seite des Auto Union-Rennwagens prangte dezent, aber doch kaum zu übersehen, das Hakenkreuz. Und offenbar wehte fast das ganze Rennen lang die Hakenkreuzflagge über dem Circuit, weil dort immer die Flagge des jeweils führenden Fahrers gehisst wurde.

Auf der MS „Bremen" 1937 unterwegs in die USA: von links Eglantine Werlin, Jakob Werlin, Bodo Lafferentz, Bernd Rosemeyer, Ernst von Delius, Dipl.-Ing. Hundt, Ferry Porsche.

Die gesamte Reisegruppe Porsche, Werlin, Lafferentz war beim Rennen dabei, Porsche sowieso, denn der Auto Union-Rennwagen Typ C war Porsches Konzept.

Zurück in Deutschland und wieder auf dem höchst schwankenden Boden der Tatsachen beim Thema Volkswagen bekam sogar der Spieler Werlin langsam kalte Füße: Noch 1937 äußert er ernstzunehmende Bedenken zum Stand und zur Finanzierung der Fabrikplanungen, zur Rohstoffversorgung für die Produktion. Ferdinand Porsche kontert mit abenteuerlichen Zahlenspielen. Werlin trägt seine Überlegungen auch Robert Ley persönlich vor, der alle Bedenken negiert.

Am 26. Mai 1938 wird auf dem Grundstück in Fallersleben symbolisch der Grundstein für das Volkswagenwerk gelegt. Werlin erwartet Hitler nicht etwa als künftiger Hausherr vor Ort zu dieser Feier, nein, er trifft in Hitlers Gefolge auf dem Gelände ein. Auf einem Bild sieht man die drei Geschäftsführer Porsche, Lafferentz und Werlin um die Wette strahlen, Werlin und Lafferentz in Uniform, Porsche wie immer in Zivil, kleiner als seine beiden Kollegen, längere Haare, mit leicht koboldhafter Ausstrahlung. Doch die gemeinsame Fröhlichkeit des Trios war vermutlich nicht dauerhaft an diesem Tag. In seiner Ansprache lobt Hitler Werlin und DAF-Führer Ley aus-

Bei der Grundsteinlegung des Volkswagenwerks 1938 in Fallersleben von rechts: Werlin, Ferdinand Porsche, Hitler.

drücklich, Porsche wird – in der Reihenfolge danach – als genialer Konstrukteur apostrophiert, aber nicht als Unternehmer auf dem Weg zur Realisierung des Mega-Projekts.

Das Lob Hitlers für Werlin wird Porsche wenig gefallen haben, einfach, weil es deutlich persönlicher und ausführlicher war, als das, was Porsche an diesem Tag über sich hörte, aber Werlin wird es als große Bestätigung verstanden haben: „Direktor Jakob Werlin ist der Mann der Automobilindustrie, der seit vielen Jahren an meiner Seite stehend meine Gedanken überall zu vertreten und damit zu verwirklichen bemühte." In der Automobilindustrie und auch bei seinem Arbeitgeber Daimler-Benz wird man dies etwas zwiespältig aufgenommen haben.

Ausstieg Werlins – und ein letztes Verhandlungsergebnis in Sachen Volkswagen

Wir können die Geschichte des Volkswagens hier langsam verlassen – Werlin begann, sich von diesem Projekt abzuwenden. Später wird er erzählen, dass es entgegen seinen Vorstellungen kaum mehr formelle Sitzungen des Vorstands und des Aufsichtsrates gab, dass es völlig nebulös war, wer wann welche Entscheidungen getroffen hat. 1939 verlässt er die Geschäftsführung der inzwischen zur Volkswagen GmbH umfirmierten Firma, bleibt aber im Aufsichtsrat.

Noch einmal wird Werlin für die Volkswagen AG an einer entscheidenden Stelle tätig werden:

Mit Beginn des Krieges war ein Anlauf des zivilen „KdF-Wagens" in großen Stückzahlen obsolet geworden. Als Ersatz für die Auslastung der zu einem großen Teil erst aufzubauenden Anlagen dienten verschiedenste Rüstungsaufträge, teils technisch anspruchsvolle Teileproduktionen, aber auch hölzerne „Abwurfkisten" waren dabei. Aus einer groß geplanten Produktion von Panzern aus Porsches Konstruktion wurde nichts, erfolgreicher waren die Kübelwagen genannten leichten Geländewagen und der Schwimmwagen. 1941 wurde sogar eine Serie der zivilen Volkswagen gebaut. Aber die Fabrik war nicht fertig, die Stadt, die daneben errichtet werden sollte, kam kaum aus den Startlöchern. Ein großes Problem waren Arbeitskräfte, sowohl für die Produktion, aber vorrangig erstmal für den Bau. Die durch Einziehung zum Militär reduzierten Stammbelegschaften anderer Unternehmen boten kaum Rekrutierungspotential, und deshalb wurden Alternativen gesucht. Das erste große Kontingent insbesondere für die Bauarbeiter bestand aus Italienern, freiwillig vor allem aus Venetien angeworben, die zu erträglichen, zumindest für sie attraktiven Bedingungen beschäftigt wurden. Einen Einstieg in die nicht mehr ganz freiwillige Beschäftigung markierte die Heranschaffung von polnischen Arbeiterinnen. Für die nächste Gruppe wurde dann schon ein bewachtes Lager mit Stacheldraht benötigt: 700 Militärstrafgefangene für die Rüstungsproduktion. Sie bildeten gleichzeitig in der dann auch in allen anderen Unternehmen mit Zwangsarbeitern eingeführten „Hierarchie" in diesem Moment (aber nicht für lange) die unterste Kaste: Bei Problemen gab es keine arbeitsrechtlichen Maßnahmen, sondern verschärften Drill und schwere Strafen, der Kontakt zu den anderen Mitarbeitern im Werk wurde unter Strafe gestellt, und die Verpflegung war völlig unzureichend – schließlich handelte es sich um „Schädlinge", „Drückeberger". Die Repressalien im Lager endeten keineswegs vor dem Werkstor, die Einheit von SS-Wachmannschaften, unternehmensangehörigen Werkschützern, Gestapo usw. hatte hier erste Vorbilder. Aber die Zahl der Mitarbeiter reichte nicht, weitere Arbeiter mussten her, und länger wurde über ein zu errichtendes Konzentrationslager in Werksnähe nachgedacht. Den Einsatz polnischer Juden verbot dann zunächst noch Hitler persönlich (er wollte sie ja aus Deutschland vertreiben und nicht hereinholen), aber das waren ideologische Anfangsschwierigkeiten. 1942 ging es um die Errichtung der Leichtmetallgießerei, und aus verschiedenen Gründen, zu denen auch der Zugriff auf KZ-Insassen gehörte, wurde vereinbart, dass diese Gießerei von der SS fertiggestellt, ausgebaut und betrieben werden sollte. Die SS hatte entsprechend der Vereinbarung die Arbeitskräfte aus den Konzentrationslagern zu stellen. Im Wettlauf um Arbeitskräfte, der mit freiwilligen Italienern begonnen hatte, halb freiwilligen Polen fortgesetzt wurde, später dann auch mit Kriegsgefangenen und anderen Verschleppten, war mit den Häftlingen aus den Konzentrationslagern der Tiefpunkt erreicht: oft ausgemergelte, entkräftete, geschundene Menschen. Immerhin wurden sie anfangs etwas besser als im KZ verpflegt, sie mussten die Arbeiten, auch die Bauarbeiten, leisten können.

Den Vertrag für den Bau und Betrieb der Leichtmetallgießerei durch die SS und insbesondere auch die Personalbedarfsdeckung durch KZ-Häftlinge handelten Geschäftsführer Porsche und Aufsichtsratsmitglied Werlin am Sonntag, dem 11. Januar 1942 persönlich in der Reichskanzlei mit Reichsführer-SS Heinrich Himmler aus. Hitler unterschrieb die zugehörige Führerweisung umgehend mit dem Hinweis auf die mit allen Mitteln zu beschleunigende Durchführung.

Sollte Jakob Werlin sich bis dahin als unpolitischer Automobilfachmann und Freund und Berater des „Führers“ in Automobilfragen verstanden haben, so hatte er sich mit dieser Aushandlung und Unterschrift erstmals als unternehmerischer Nutzer eines barbarischen Systems gezeigt.

Seine rastlose Tätigkeit, das Verhandeln, das Reisen, die zeitweiligen Gratwanderungen zwischen Daimler-Benz, Hitler, Himmler, dem Volkswagen-Projekt, vielleicht auch die Sorge um seine Söhne im Krieg, gingen an Werlin nicht spurlos vorüber. Die SS lud ihn zu einer ärztlichen Untersuchung ein, nachdem Werlin offensichtlich mehrere Schübe von Angina Pectoris erlitten hatte. Der untersuchende Arzt forderte den 56jährigen dringend auf, sich um seine Gesundheit zu kümmern, was Werlin aber rigoros wegen Zeitmangels ablehnt. Er fordert vom Arzt die Geheimhaltung der Untersuchungsergebnisse, der sie gleichwohl an den Persönlichen Stab des Reichsführers SS weitergibt und gleichzeitig um vertrauliche Behandlung seiner Notiz bittet.

Ferdinand Porsche und Jakob Werlin – eine Männerfreundschaft?

Im Dezember 1975 erscheint in der „Auto, Motor und Sport“ ein Abriss über die Entstehung des Volkswagens auf zwei Textseiten, wunderschön bebildert mit einem doppelseitigen Aquarell, das das Werk in Wolfsburg in der Nachkriegszeit mit einer Reihe von Ausführungen des Volkswagens und einigen britischen Soldaten zeigt, darunter den umtriebigen Ivan Hirst, dem Volkswagen in den ersten Jahren nach dem Krieg sehr viel verdankt. Paul Simsas Text kann nur einen Überblick über die vielfältige Story der Volkswagenentstehung zeigen und ist journalistisch locker, aber doch sehr inhaltsreich. Der Titel ist in Fraktur gesetzt: „Auf Befehl des Führers".

In Zuffenhausen bekommt Ghislaine Kaes, Neffe von Ferdinands Frau Aloisia und treuer Sekretär von Ferdinand Porsche seit den zwanziger Jahren bis zu dessen Tod 1951, offenbar den Auftrag oder die Bitte, diesen Artikel durchzusehen. Ghislaine Kaes ist jetzt auch schon 65 Jahre alt, und er schreibt eine interne Hausmitteilung an Ferry Porsche, der die aktive Geschäftsleitung abgegeben hatte und jetzt Vorsitzender des Aufsichtsrats war. Ferry Porsche hatte seine Memoiren noch nicht geschrieben, vielleicht traute er seiner Erinnerung nicht recht bei der Beurteilung des Artikels von Simsa. Kaes dagegen hatte als Sekretär immer alles notiert. Sein Typoskript über Ferdinand Porsche, dass er anlässlich dessen 100. Geburtstages niedergeschrieben hat, strotzt vor Details nicht nur technischer Art. Und so nutzt er die Gelegenheit und schreibt seinerseits auf zehn Seiten einen Abriss der Volkswagengeschichte. Warum uns das interessiert?

Schon auf Seite 2 erzählt Kaes noch einmal von der Begegnung Hitlers mit Porsche beim Solitude-Rennen 1926, vermittelt von Jakob Werlin. Kaes legt Wert darauf, dass sich Porsche später daran nicht mehr erinnern konnte. Und dann legt Kaes auf einmal mit einer vernichtenden Kritik an Werlin los: Werlin sei ein widerlicher Mann gewesen, den Porsche nicht ausstehen konnte. Porsche hätte Kaes angehalten, bei Besuchen Werlins diesen schon an der Pforte abzufangen, was aber bei dem selbstherrlichen und rücksichtslosen Mann kaum möglich gewesen sei. Und er erzählt eine Geschichte, nach der auf der gemeinsamen USA-Fahrt Werlin alle anderen Reiseteilnehmer stundenlang und ohne Erklärung in der Hotelhalle warten ließ: „Frau Werlin vertröstete uns seelenruhig immer wieder. Porsche kochte." Und gleich am Anfang dieser Philippika schreibt er: „Ich habe nie erfahren, dass Werlin für Porsche eingetreten ist."

Diese Beurteilung ging dann auch so ungeprüft in einen Teil der Porsche-Literatur ein.

Dabei musste es Kaes besser wissen. Er hat Porsche über die 30er-Jahre intensiv begleitet. Es konnte ihm nicht entgangen sein, dass zwar Ferdinand Porsches Einstand bei Hitler mit dem Auto Union-Rennwagen allein Porsches Verdienst war, aber alle kommenden Begegnungen mit Hitler waren von Werlin eingefädelt worden. Werlin hat ihm durch seine Empfehlungen bei Hitler und Kissel den Weg geöffnet. Selbst Porsches bekanntes Dossier über das Konzept eines Volkswagens 1934 wäre sicher nicht so schnell auf

Hitlers Tisch gelandet, wenn Werlin es nicht dort lanciert hätte. Der Vertrag zwischen der Porsche Konstruktionsfirma und Daimler 1936 wurde auch wieder von Werlin bei Daimler-Benz forciert. Egal wie „widerlich" Werlin war, Porsche hatte ihm sehr viel zu verdanken. Weder der Aufstieg von Porsches Konstruktionsbüro noch die Erfolgsgeschichte des Volkswagens wären ohne Werlins gezielte Interventionen möglich gewesen.

Doch auch Kaes persönliche Einschätzung – Porsche hätte Werlin nicht ausstehen können – steht auf tönernen Füßen. Drei Jahre nach dieser Hausmitteilung von Kaes hat Ferdinands Sohn Ferry Porsche seine Memoiren geschrieben. Eine Version erschien als Fortsetzungsgeschichte in der „Auto, Motor und Sport". Und dort schreibt er, der ebenfalls in den dreißiger Jahren das Projekt Volkswagen hautnah miterlebte und mitgestaltete, dass sein Vater sich mit Jakob Werlin ganz ausgezeichnet verstand.

Neben der Möglichkeit, dass Kaes hier seine eigene Abneigung gegen Werlin auf Porsche projiziert, könnten auch taktische Gründe bei Kaes im Spiel sein: Wenn man die restlichen Seiten seiner Hausmitteilung liest, so gibt es nur einen Player in der Geschichte des Volkswagens, und der heißt Ferdinand Porsche. Lafferentz und Werlin werden erwähnt, spielen aber im Weiteren keine Rolle mehr. Die dreißig von Daimler-Benz gefertigten Versuchswagen kommen vor, aber ohne Erwähnung Daimler-Benz, geschweige denn mit dem Eingeständnis, dass Daimler-Techniker dabei einiges konstruktiv nachbessern mussten. Kaes war wichtig, dass nur einer auf dem Sockel steht. Noch fast 25 Jahre nach Porsches Tod arbeitet er an diesem Denkmal, das auch seine eigene persönliche und berufliche Geschichte darstellte. Wäre Porsche beschädigt worden, wäre der Schatten auch auf ihn gefallen.

Wahr ist wohl, dass die drei Geschäftsführer Lafferentz, Porsche und Werlin in ihrer gemeinsamen Zeit kein gutes Team bildeten. Trotz gemeinsamer Interessen, trotz gemeinsamer Reisen gab es sonst wohl wenig Kollegialität oder Freundschaft. Alle waren selbstbezogen, sehr emotional. Und von vertieften Freundschaften ist vor allem bei Porsche wenig zu spüren. Er war Familienmensch, nur Familie zählte. Angeblich fuhren alle drei Geschäftsführer der Gezuvor immerhin eines der drei Exemplare einer Art Sportwagenvariante des Volkswagens, eines frühen „Porsche" also, die Ferdinand Porsche Werlin und Lafferentz überlassen haben soll.

Auch die gewöhnlichen Aufenthaltsorte der Geschäftsführer ließen für die Zusammenarbeit und die persönlichen Beziehungen nichts Gutes vermuten: Werlin hielt sich, wenn er nicht auf Reisen war, in München auf,

Porsche lebte in Stuttgart oder zeitweilig in Gmünd/Kärnten oder in Zell am See, Lafferentz lebte in Berlin. Lafferentz drängte an die Spitze des sich entwickelnden Unternehmens, Porsche interessierte sich weiterhin vor allem für Fahrzeugentwicklung und -konstruktion, steckte dann aber auch tief in der Umsetzung der Fabrikplanung und des Fabrikaufbaus in Fallersleben – und dann auch in der Frage der Auslastung der Anlagen im Krieg. Welches Aufgabenfeld für Werlin auf Dauer in der KdF-Stadt in Frage gekommen wäre, bleibt offen. Der kaufmännische Leiter Edouard Rudolph, der selber gerne an die Spitze der Volkswagen GmbH vorgestoßen wäre, strafte seine Vorgesetzten mit einer vernichtenden Beurteilung ab: Lafferentz ein Propagandist, der sich an seinen Reden berauscht, Werlin mit der Froschperspektive des Verkäufers und seiner „zum Überdruss betonten Freundschaft zur höchsten Stelle", Porsche ein genialer Konstrukteur, aber auch Geldverbraucher, der von vielem nichts verstehe.

1942 verlässt Werlin auch den Aufsichtsrat der Volkswagen GmbH. Ganz loslassen kann er das Thema Volkswagen aber nicht. 1951 schon schreibt er auf sieben Schreibmaschinenseiten seine Version der Volkswagenstory. Und auch in seinen 1964 erstellten Lebenserinnerungen nimmt die Geschichte des Volkswagens einen großen Raum ein.

Ein Ritt auf Messers Schneide

Confidential Report

Am 28. März 1944 sendet die Foreign Service Abteilung des amerikanischen Außenministeriums am US-Konsulat in Zürich einen vertraulichen Bericht nach Washington.

Der Bericht enthält Informationen, die vom „Daimler-Benz-Generaldirektor Wernle“ an einen „go-between“ in Zürich gegeben wurden, das heißt an einen Vermittler von Informationen an die Amerikaner. Beide Männer würden sich seit Jahren gut kennen, der Vermittler sei seriös und verlässlich. „Wernle“ sei dauernd auf dem Berghof und sehe „things from the inside“. Der „Führer“ habe ihn mit dem gesamten Automobilwesen betraut, er sei in dieser Funktion unabhängig von Rüstungsminister Albert Speer.

„Wernle“ ist Jakob Werlin und das, was er erzählt hat, ist von höchster Brisanz:

Werlin berichtet von den Auseinandersetzungen Hitlers mit seinen Generälen, denen Hitler an der Ostfront jedes taktische Ausweichen, jedes Zurückweichen auf eine Rückzugslinie verbietet. Die Waffen-SS habe Hitler versichert, die Stellungen alleine zu halten. Zeitzler als Generalstabschef und Jodl vom Oberkommando der Wehrmacht seien zurückgetreten. Sepp Dietrich, Leibstandarte Adolf Hitler, und Generaloberst Bartenstein, ein früherer Ausbilder bei der Waffen-SS, seien die Nachfolger. Die Armee werde nunmehr von der SS beherrscht.

Diese Informationen sind allerdings nur teilweise richtig, vielleicht auch fehlerhaft übermittelt. Richtig ist, dass Hitler ständig mit seinen Generälen im Streit ist, stur und rücksichtslos auf dem Halten aller erreichten Stellungen beharrt – und damit den zusätzlichen Tod tausender Soldaten verursacht und wichtige Chancen versäumt. Zeitzler hatte seinen Rücktritt tatsächlich einmal angeboten, was Hitler aber abgelehnt hat. Sepp Dietrich, fanatischer Nationalsozialist, ein unerschrockener, wenn auch wenig professioneller Kämpfer, hat keine Nachfolgen von Zeitzler oder Jodl angetreten, war niemals „Chief of the German army“. Auch Jodl war weiter im Amt. Und einen Generaloberst Bartenstein gab es gar nicht.

Für Italien gibt Werlin den Hinweis, dass Hitler das Halten der Front gegen die Alliierten um jeden Preis fordere, um möglichst viel amerikanisches Material zu zerstören und weitere Landungsoperationen etwa in Dalmatien zu verhindern. Dies war so richtig.

„Wernle made no secret of the fact that the war is lost.“ Schon Werlins Äußerungen bis zu diesem Moment waren geeignet, ihm massivste Probleme einzubringen, aber die Aussage, dass der Krieg verloren sei, war 1944 direkt und unausweichlich mit der Todesstrafe verbunden, wenn Gestapo oder andere davon erfuhren.

Und es geht weiter: Die Industriellen und sogar Armeezirkel würden es vorziehen, die Russen weiter vorrücken zu lassen, dies würde die Amerikaner und Engländer zu einer verfrühten, nicht ausreichend vorbereiteten Invasion im Westen führen, die Allianz mit Russland zerstören und der Wehrmacht Vorteile beim Zurückschlagen der Invasion verschaffen – was wiederum zu Verhandlungen mit den Westmächten führen könnte.

Solche und ähnliche Überlegungen gab es. In der Industrie, auch bei Daimler-Benz, versuchten manche, über das Ende des Krieges, wie immer es zustande käme, hinauszudenken und zu planen.

Dann geht es in der Information um Zahlen: Panzerproduktion, Ausstoß an Jagdfliegern, Abwehr der alliierten Bombenangriffe durch Flak, um die Jagdflieger für die Abwehr der erwarteten Invasion aufzusparen.

Sogar über neue Flugzeugprototypen wurde gesprochen, wohl die Messerschmidt Me 210, bei der auch ein 24-Zylinder-Sternmotor von Daimler-Benz geplant sei – tatsächlich gab es wohl ein oder zwei derartige Prototypen. Die Maschine könne kurzfristig 1.000 km/h Spitzengeschwindigkeit erreichen – was aber nur für die strahlgetriebenen Jagdflieger stimmt. Aber zu dem Punkt Jagdflieger wollte Werlin, wie der Vermittler aussagt, nicht weiter diskutieren.

Es geht im Bericht weiter um die Möglichkeit unterirdischer Verlagerungen der Produktion, wobei Werlin gesagt habe, die Daimler-Werksanlagen in Cannstatt (gemeint ist wohl Untertürkheim) seien in den Bayerischen Wald verlagert worden – eine falsche, zumindest grob ungenaue Aussage. Möglich aber auch, dass richtige Aussagen Werlins gegenüber dem „go between“ durch dessen Übermittlung an seine englischsprechenden Geheimpartner und deren anschließende Berichterstattung zu Fehlern und Missverständnissen geführt haben.

Werlin, so der Bericht, hätte geäußert, dass es für die alliierten Bomber viel erfolgreicher wäre, die Überlandzentralen für Strom etc. systematisch zu zerstören an Stelle der Fabriken, damit würde das gesamte ökonomische Leben zusammenbrechen.

Es folgen noch längere Ausführungen über Transportprobleme insbesondere der Reichsbahn und Versuche, deren Beförderungskapazität zu erhöhen. Dann geht es um einen Bombenangriff auf die Junkers-Werke in Halberstadt, bei dem Hunderte getötet worden seien – der Angriff stimmt, allerdings waren die Opferzahlen in diesem Fall sehr gering.

Was war hier los? Werlin als Informant des Feindes im Krieg, als „Verräter“? Werlin riskiert bewusst sein Leben? Hat er sich abgewandt von den Nationalsozialisten, will er das Kriegsende mit befördern helfen? Und mit wem hat er überhaupt gesprochen? Was macht er im März 1944 in Zürich?

Eduard Schulte, ein Industrieller auf gefährlicher Mission

Der „go-between“ war Eduard Schulte.

Eduard Schulte war Industrieller, Generaldirektor des deutschen Teils der Giesche Erben, eines großen Breslauer Unternehmens, das im Zinkbergbau, der Zinkverhüttung und -veredelung tätig war. Es gab auch einen polnischen Teil des Unternehmens in Kattowitz, dessen Anteile wiederum für eine lange Zeit einer amerikanischen Firma gehörten.

Schulte war von großbürgerlicher Herkunft und Attitüde, leidenschaftlicher Jäger, Villenbewohner, aufgewachsen in Düsseldorf, ein Familienvater von zwei Söhnen. Er war ein mutiger, entschlossener Unternehmer, aber auch ein rastloser, unruhiger Macher, der es kaum ein Wochenende zuhause aushielt und der oft schon am Sonntag wieder auf Dienstreisen ging. Das Unternehmen Giesche Erben litt chronisch unter Geldmangel, und das Jonglieren mit Krediten, Anteilen, auch das heute noch beliebte Aufbauen undurchschaubarer Strukturen und Eigentumsverhältnisse war Schultes Dauerbeschäftigung, die ihn häufig nach Berlin, nach London, aber z.B. auch nach Zürich führte, Orte, an denen er viele Bekanntschaften pflegte, aus der Industrie, aus dem Bankensektor, aber auch aus der militärischen Führung und Verwaltung. Schulte verdiente viel und lebte gut, aber in Breslau hatte sein Arbeitstag auch meistens 16 Stunden. Es mag sein, dass die Reisen vor allem nach Zürich, mit Aufenthalt in einem Hotel am Seeufer, auch ein Stück Ausbruch aus dieser Arbeitsroutine waren – und eine Gelegenheit, eine dort lebende Freundin und Geliebte zu sehen.

Am 20. Februar 1933, noch vor den entscheidenden Wahlen im März, nimmt Schulte an dem berühmten Geheimtreffen Industrieller teil, zu dem Göring und Hitler in das Reichspräsidentenpalais geladen hatten. Ob Schulte deshalb hingeht, weil er eingeladen ist, ob er es im Interesse der

Ausweitung seines Netzwerks macht, ob er schlicht neugierig ist, Hitler „live“ zu erleben – Göring kannte er bereits –, das wissen wir nicht. Ob er es als Unverschämtheit empfand, dass die versammelte Unternehmerschaft mit Krupp von Bohlen und Halbach, Quandt, Flick, von Opel und natürlich auch Hjalmar Schacht eine ganze Weile warten muss, bis endlich Göring und dann auch Hitler erscheinen, auch das wissen wir nicht. Hitler verlässt das Meeting, nachdem er eineinhalb Stunden frei zu den Unternehmern gesprochen hat, und danach gibt Göring den Hinweis, dass die Kassen der NSDAP leer sind und er Unterstützung erwartet. Dann geht auch er, und Hjalmar Schacht organisiert die Spendensammlung. Mehr als eine Million werden sofort zugesagt, weiteres Geld wird folgen.

Es ist nicht zu erwarten, dass irgendjemand an diesem Abend gemerkt hat, dass Eduard Schulte die Nationalsozialisten ablehnt, ja sogar hasst. Er hält sie für Betrüger und Kriegstreiber, für verkommen, ihren Antisemitismus lehnt er ab. Als seine Söhne ein Wochenende mit der Hitlerjugend verbringen, lässt er sich nur mit Mühe von seiner Frau abhalten, dagegen einzuschreiten. Aber natürlich hat er eine Verantwortung für das Unternehmen Giesche Erben, und so ist es dann doch nicht so verwunderlich, dass nach der Besetzung Polens der Gauleiter Hanke, der später aus dem Inferno von Breslau an Hitler „Sieg oder Tod“ telegrafieren wird, um sich dann selbst mit dem Flugzeug abzusetzen, dass dieser Hanke in Kattowitz gratis in einer Villa residiert, die Giesche Erben gehört. Und Schultes rechte Hand im Unternehmen war Otto Fitzner, ein fanatischer Nazi, aber auch ein Prahlhans, der von Gauleiter Hanke mit Topinformationen versorgt wurde und es kaum jemals schaffte, diese für sich zu behalten, was bedeutete, dass Schulte exzellente Einblicke über den Kriegsverlauf und die Pläne Hitlers und der Militärs bekam.

Und nicht nur über diese beiden Männer, denn Schulte hatte, wie schon beschrieben, ein hervorragendes Netzwerk. Zu dem zählte auch Jakob Werlin. In ihrem Buch „Breaking the Silence“, mit dem Walter Laqueur und Richard Breitman dem vorher in der Geschichtswissenschaft praktisch unbekannten Eduard Schulte 1985 ein verspätetes Denkmal setzen, schreiben Breitman und Laqueur, dass auch Werlin ein hilfreicher Kontakt gewesen sei, der in der Industrie und bei Hitler ein- und ausging, und dass die beiden, Schulte und Werlin, sich kannten und sich von Zeit zu Zeit in Deutschland und in der Schweiz getroffen hätten. Breitman erzählt in einer Mail an den Verfasser dieses Buchs, dass er Werlin auf Dokumenten bei den Recherchen in den National Archives in Washington DC entdeckt habe und Laqueur in Europa bei Nachfragen an damals noch lebende Bekannte aus Schultes Umfeld die Bestätigung bekommen habe, dass sich beide Männer seit langem und gut kannten, sich auch u.a. in Zürich getroffen haben.

Werlin ein weiterer hilfreicher Kontakt für Schulte? Hilfreich inwiefern und wofür? Dazu muss man wissen, dass Eduard Schulte schon seit langem seine Informationen mit ausländischen Gesprächspartnern freimütig teilte. Mit Schweizer Bankiers, mit einem polnischen Geheimagenten, mit Deutschen in der Schweiz, die wiederum Zugang zu alliierten Stellen hatten. Schulte war so überzeugt, dass es sich bei der politischen Führung Deutschlands um Gangster handelte, dass er alles tun wollte, um ihren Erfolg zu verhindern. Und er lieferte präzise Informationen: Das Datum des kommenden Überfalls auf Polen. Das geplante Datum des Einmarschs in die Sowjetunion. Und dann 1942 eine noch brisantere, eine ungeheuerliche Information: Die Deutschen wollen die Juden nicht nur – wie damals bekannt und vor den Augen der Welt offen praktiziert – drangsalieren, ihnen alle Rechte entziehen, sie umsiedeln, berauben, nein, sie wollen die Juden in Polen, in Deutschland und Europa systematisch, zielgerichtet, industriell ermorden. Mit dieser verstörenden Information fährt Schulte 1942 in die Schweiz, sorgt dafür, dass Gerhart Riegner, Schweizer Repräsentant des World Jewish Council, dies erfährt und weitergibt. Die Nachricht wird in den USA zunächst blockiert, für eine Übertreibung, für jüdische Panik gehalten, bis sie doch langsam bis zum Präsidenten durchsickert. Wie bekannt, hat sie dann kaum etwas bewirkt, Roosevelt war der Meinung, das Beste, was die USA tun könnten, wäre möglichst schnell mit den anderen Alliierten den Krieg zu gewinnen.

Die ganze bis dahin weithin unbekannte Geschichte dieser Nachricht und ihres Überbringers haben die amerikanischen Historiker Laqueur und Breitman in ihrem Buch spannend und aufrüttelnd beschrieben. Auch sie haben erst in den achtziger Jahren herausbekommen, wer dieser Informant gewesen ist: Eduard Schulte. Der war schon Anfang 1966 gestorben, in Zürich, wohin er sich nach dem Krieg zurückgezogen hatte, nachdem ein zunächst von einigen seiner amerikanischen Kontaktpartnern, u.a. dem späteren CIA-Chef Allen W. Dulles, geplanter Einsatz in einer deutschen Nachkriegsregierung an der amerikanischen Besatzungsbürokratie gescheitert war. Sie sah in Schulte vorrangig den ehemaligen „Wehrwirtschaftsführer ehrenhalber“ und ignorierte die Berichte über seine lebensgefährliche Informantentätigkeit.

Jakob Werlin taucht in diesem Buch nur in dem Absatz auf S. 112/113 auf, nicht vorher, auch später nicht mehr. Und wenn wir genau lesen, dann geht es in dieser Passage um Schultes Quellen für generelle Informationen über die Pläne und Strategien der Deutschen, nicht speziell um die Information über den Holocaust.

In einer Neuauflage des Buches 1993 behandelte Breitman nochmal die Frage: Wer aus Schultes Umfeld hat ihm 1942 die konkrete Information über den geplanten Holocaust gegeben? Breitman sieht als mögliche Quellen: den gut informierten Otto Fitzner, Schultes direkten Mitarbeiter bei Giesche, oder Jakob Werlin, oder beide. Fitzner hatte wie erwähnt besten Kontakt mit dem Gauleiter Karl Hanke und auch dem anderen Gauleiter in Schlesien, Fritz Bracht. Der wiederum hatte am 17. Juli 1942 abends Himmler zu Gast, den er schon mittags in Kattowitz empfangen hatte und der den Nachmittag in Auschwitz und Birkenau verbracht hatte. Dort hatte sich Himmler das Lager zeigen lassen, Baupläne und Bauvorhaben wurden mit ihm besprochen, auch Laboratorien, Baumschulen und ähnliches angeschaut. In Birkenau konnte Himmler dann das Unglaubliche, Unerhörte, das Verbrechen selbst erleben: Die Ankunft eines Transports von Jüdinnen und Juden aus Holland, die Selektion der Arbeitsfähigen, die Ermordung der anderen im Gas des Bunkers II und die anschließende Beseitigung der Leichen. Und auch im Bereich des Frauenkonzentrationslagers wartete noch ein Exempel des täglichen Grauens auf ihn: Vollzug der Prügelstrafe an einem weiblichen Häftling. Abends dann zunächst gemeinsames Abendessen mit allen Offizieren des Standorts, anschließend der Abend unter anderem mit dem Ehepaar Höß bei Gauleiter Bracht. Dieser Besuch mag daher schon Thema zwischen Hanke, Bracht und dann auch Fitzner gewesen sein, der in seiner Redseligkeit Schulte womöglich ausführlich berichtete.

Doch auch bei Werlin gibt es eine hohe Wahrscheinlichkeit, dass er mehr erfahren hatte zu dem, was in Auschwitz-Birkenau angelaufen war und perfektioniert wurde. Er hatte eine Besprechung mit Himmler am 14. Juli 1942, also drei Tage vor dessen Fahrt nach Auschwitz. So ist es keineswegs ausgeschlossen, dass Auschwitz und der Umgang mit den jüdischen KZ-Häftlingen ein Thema war. Schon im Januar 1942 hatten Himmler, Werlin und Ferdinand Porsche über die Gestellung von KZ-Insassen als Arbeitskräfte in der geplanten Leichtmetallgießerei im Volkswagenwerk verhandelt. Jetzt, am 14. Juli, gab es einen dritten Gesprächsteilnehmer neben Himmler und Werlin: General Georg Thomas, tätig im Wehrwirtschafts- und Rüstungsamt und einer der Propagandisten der „Hungerpläne", nach denen das deutsche Heer im Osten vor allem mit den Lebensmitteln der Zivilbevölkerung Russlands, Weißrusslands und der Ukraine versorgt werden und daraus folgende Hungersnöte und Verhungernde in der Zivilbevölkerung bis in Millionenhöhe in Kauf genommen werden sollten. So ist es sicher nicht sehr spekulativ zu vermuten, dass zwei solche Vordenker des eigentlich Undenkbaren in ihrem Gespräch unmittelbar vor der Inspektionsreise Himmlers nach Auschwitz Klartext gesprochen haben. Den eigentlichen Anlass für das Gespräch kennen wir nicht, aber der Einsatz der verschleppten jüdischen Menschen für wirtschaftliche Vorhaben aller Art war neben ihrer physischen Vernichtung ein häufiger Topos von Himmlers Gesprächen. Und es spricht viel dafür, dass es auch Werlin wieder um die Gestellung von Arbeitskräften ging, denn obwohl er Oberführer in Himmlers SS war, war dies eines der wenigen Themen, die beide dienstlich zusammenführen konnten.

Werlin war mit seiner Umtriebigkeit in München, Stuttgart, Berlin, Berchtesgaden mit hoher Wahrscheinlichkeit schon damals eine gute Quelle für Nachrichten, die Schulte an seine ausländischen Kontaktpartner weitergab.

Ahnte Werlin, wenn sie sich trafen, dass Schulte ein „Whistleblower" war? Oder war er sich dessen vollauf bewusst und gab seine Informationen gezielt an Schulte?

Nachdem wir Werlins Weg bis hier verfolgt haben, fällt es schwer, diesem Gedanken näher zu kommen. Werlin, der sich selbst als unpolitisch verstehende Automobilfachmann, der Verehrer und Begleiter Hitlers, greift unter höchsten Gefahren für sich ein in das Kriegsgeschehen, verrät Brisantes, und beeinflusst potentiell damit die Meinung und die Entscheidungen der Kriegsgegner?

Allerdings haben wir gesehen: Werlin ist nicht ohne Empathie für Leidende, hat immer wieder Mut gezeigt, er ist bereit, im konkreten zu helfen, seine Möglichkeiten einzubringen. Der geschilderte Fall Hubing ist ein spektakuläres Beispiel. Vielleicht hat ihn die Information über die geplante gezielte Vernichtung aller jüdischen Bürger in Europa erschüttert, vielleicht wollte er die Vernichtung verhindern helfen. Vielleicht brauchte er einfach nur jemanden zum Reden über das Ungeheuerliche, und derjenige war Schulte? Alles ist möglich.

Das Treffen 1944 allerdings lässt vermuten, dass hier mehr auf dem Spiel stand als nur persönliche Betroffenheit. Im Dezember 1943 wurde Schulte gewarnt, dass ihm die Gestapo auf der Spur sei. Die geheimen Staatspolizisten suchten das Leck für Informationen, die Schulte weitergegeben hatte, und waren direkt davor, ihn zu enttarnen. Schulte reiste nach dem Warnhinweis sofort, wenn auch über Umwege, in die Schweiz. Er wird vor dem Zusammenbruch 1945 nicht mehr nach Deutschland zurückkommen. Auch in der Schweiz hatte er Sorge, dass man ihn jagen und aufstöbern würde, dass er getötet würde. Aber nichts geschah. Seine Frau konnte ihm unbehelligt folgen.

Im März 1944 konnte es Werlin kaum verborgen geblieben sein, dass sein Bekannter schon seit einem Vierteljahr dauerhaft in Zürich wohnte. Werlin war offenbar mit der Aufgabe nach Zürich gereist, sich um die Bankguthaben der Daimler-Benz AG in der Schweiz zu kümmern. Auch dazu gab er Schulte freimütig Auskunft, die wiederum in den Confidential Report einging: Daimler-Benz hatte demnach ca. 270 Millionen Schweizer Franken auf Bankkonten, und Werlin konnte auch zu anderen Firmen Interessantes beitragen: die AEG hatte ca. 400 Mio Franken dort gebunkert und die IG Farben in der Schweiz, in Portugal und Argentinien zusammen mehr als eine Milliarde Franken angelegt.

Wo haben sich die Männer getroffen? In Schultes Lieblingshotel an der Seepromenade? Oder sind sie am See entlangspaziert, damit keiner etwas aufschnappen konnte?

Angesichts der Brisanz und Fülle der (allerdings nicht immer zutreffenden) Informationen ist es eher unwahrscheinlich, dass Schulte einem nichtsahnenden Werlin diese brisanten Fakten und Stellungnahmen in einem freundschaftlichen Gespräch unter Freunden so gezielt entlockt hat.

Im Kapitel zu Kissel und Haspel haben wir eines feststellen können: Wenn es darum ging, zwischen nationalsozialistischen Parteiinteressen und dem Wohlergehen des Unternehmens zu entscheiden, war Werlins Handeln sehr klar: Das Unternehmen hatte Priorität. Und dies nicht nur, weil der gewandte Werlin, der sich in der Politik und der deutschen Wirtschaft mit Entscheidungsträgern und Fachleuten bewegte, mit den verbohrten örtlichen Nazi-Aktivisten nichts anfangen konnte. Bei aller Unabhängigkeit und manchmal auch Unzuverlässigkeit Werlins war das Unternehmen Daimler-Benz nicht nur die Basis seines Wohlstands, sondern auch seine erste Verantwortung, der er sich auch stellte.

Während sich die Entscheidungsträger um Hitler immer wieder loyal hinter den „Führer“ stellten, auch wenn sie persönliche Vorbehalte hatten, sogar vorher Streit mit ihm riskiert hatten, hatte Werlin mehr Chancen, sich innerlich zu distanzieren. Auch wenn er sich dem Führer mit Haut und Haar verschrieben hatte, bekam er keine direkten Weisungen von ihm, und die persönliche Notwendigkeit, Hitler zuzuarbeiten, dessen Wünsche zu erfüllen, bevor er sie hatte, die viele in seinem Umfeld antrieb, war bei ihm weniger gegeben. Daher ist es durchaus möglich, dass Werlin im Einklang mit andern Unternehmenslenkern, die alle nicht mehr an einen Sieg glaubten, über die nachfolgenden Jahre nicht nur nachdachte, sondern vielleicht auch einen Beitrag leisten wollte, dass das Ende mit Schrecken, aber möglichst schnell kommen sollte.

Warum hat er sich dann später, nach 1945, nicht als Held geriert, als einen Mann des Widerstands? In seinen Spruchkammerverfahren hat er vieles aufgelistet, was zu seinen Gunsten sprechen sollte, aber diese Vorgänge um Schulte nicht einmal angedeutet. Das gesellschaftliche Bewusstsein in der Nachkriegszeit, das Werlin in seinem Spruchkammerverfahren und auch später noch exemplarisch verkörpern wird, hat dies wohl verhindert: Noch in den fünfziger und sechziger Jahren wurden die Widerstandleistenden z.B. des 20. Juli 1944 vor allem und immer noch als Verräter konnotiert. Wir werden darüber hinaus sehen, dass sich auch Werlin als Mitglied einer Gemeinschaft von Opfern der „Denazification" definierte, einer Gemeinschaft, in der die Nachrichtenweitergabe an die Alliierten während des Krieges mit Sicherheit weiterhin als Verbrechen, als Schande, und nicht als riskante Heldentat gewertet wurde.

Im Fadenkreuz Himmlers

„Irgendwann schießt er mir eine Kugel in den Kopf!" Das soll Werlin über Himmler gesagt haben, nach der Auseinandersetzung über die Nachfolge von Kissel.

Reibungspunkte zwischen beiden gab es viele: Werlin war NSDAP- und SS-Mitglied, aber er verachtete den Furor örtlicher Gesinnungstäter. Die Vorort-Funktionäre der Deutschen Arbeitsfront strafte er mit Geringschätzung. Er setzte sich für Leute ein, die in erkennbarer Gegnerschaft zum Regime standen. Hubings Begnadigung war eine Ohrfeige für diejenigen, die ihn hängen sehen wollten, und es war Werlin, der dafür verantwortlich war.

Die durch Werlin vorangetriebene Vorstandsbesetzung nach Kissels Tod hatte Himmlers Ärger und Aggression beflügelt, zumal ihm ja dabei zu Unrecht unterschoben wurde, er habe zugestimmt. Mit Werlins Vorstoß für die Tänzerin Friderica Derra de Moroda war die ohnehin sehr schlechte Beziehung zwischen Werlin und Himmler wohl am Tiefpunkt angelangt. Und hier an dieser Stelle blitzte die Gefahr sichtbar auf: Himmler lässt ermitteln, über die Tänzerin, aber auch über Werlin. In einem Bericht steht auf einmal, dass Werlins Ehefrau Ungarin ist, was Werlin nie verschwiegen hat, aber jetzt auf einmal wichtig ist.

Auch Werlins Büroleiter für den Generalinspektor des „Führers" warnt seinen Chef vor weiteren Hilfsaktionen, in dem er auf den Erlass hinweist, der es verbietet, dass in Prozessen gegen „Volksschädlinge" nicht eingeforderte Leumundszeugnisse, Stellungnahmen zu Gnadengesuchen u.ä. eingereicht werden. Werlin erwidert intern, dass man so etwas künftig mündlich machen werde.

Anfang 1945 finden Himmlers Misstrauen und Verärgerung gegenüber Daimler-Benz eine willkommene Bestätigung, und es wird gefährlich für Werlin. Die für alle sicht- und fühlbare Tatsache, dass der Krieg trotz Ardennenoffensive und anderen Verzweiflungstaten verloren gehen würde, hat nicht etwa bedeutet, dass politische Gegner nun etwas aufatmen konnten – im Gegenteil. Viele, die über Jahre schon in KZs und Gefängnissen saßen, wurden noch 1945 erhängt, erschossen. Das Monster der NS-Herrschaft war angeschlagen und umso reizbarer und gefährlicher.

Zwei Mannheimer Daimler-Benz-Ingenieure, Führungskräfte der mittleren Ebene, sahen ihre Stunde gekommen, gegen den Vorstand und insbesondere gegen Werlin zu intrigieren, und ihre Initiative blieb nicht ohne Erfolg.

Die beiden waren der Oberingenieur Franz Eschenlohr und der Ingenieur Sepp Bildstein, die sich am 21. Januar 1945 bzw. am 20. Januar 1945 an den Reichsschatzmeister der NSDAP Franz Xaver Schwarz wandten. Ihre Schreiben selbst liegen nicht in der Daimler-Benz-Akte im Bundesarchiv, aber der daraus resultierende Briefwechsel zwischen dem Reichsschatzmeister und dem Reichsführer SS Himmler ist dort zu finden.

Die konkreten Beschwerdepunkte lassen sich nicht entnehmen, aber es wurde die Frage in den Raum gestellt, ob die Leistung der Daimler-Benz AG „im Sinne der Erfordernisse des totalen Krieges" nicht unter der „teilweisen jüdischen Versippung des Vorstands" leidet. Die Einstellung des Parteigenossen Werlin erscheine im Licht der Beschwerden höchst bedenklich und, so fügt Schwarz an, er selbst habe Werlin schon längere Zeit abgelehnt und sich von ihm distanziert.

Problem sei allerdings der Parteigenosse Speer. Der Rüstungsminister habe sich eindeutig für die Weiterbeschäftigung der Betroffenen ausgesprochen, jeder Wechsel in dieser angespannten Zeit könne ein nicht wieder gut zu machendes Risiko bedeuten. Speer wird kurz darauf sogar bekanntgeben, Hitler habe veranlasst, dass insbesondere Haspel und Werner aus der Tatsache ihrer jüdischen Ehefrauen kein Nachteil bis Ende des Krieges gereichen dürfe.

Aber Schwarz wusste, wen er nur kurz antippen musste: Himmler. Und der reagiert: Er informiert den Chef der Sicherheitspolizei und des SD, sich des Vorgangs anzunehmen, und beauftragt, „besonders viel für eine örtliche Flüsterpropaganda mit der Tendenz zu sorgen, dass auf irgendwelche Sabotage des Führerbefehls mit Verhaftung geantwortet würde." Mit anderen Worten: Er will Haspel, Werlin und andere inhaftieren und fordert auf („zur entsprechenden Veranlassung"), sich umzuhören und anzustoßen, dass „irgendwelche Sabotage" behauptet wird und die SS zuschlagen kann.

Wenn das passiert wäre, kann mit Fug bezweifelt werden, ob der Volksgerichtshof und sein blutrünstiger Präsident Roland Freisler überhaupt noch eingeschaltet worden wären – für Erhängen, Erschießen, zu Tode foltern war das ja nicht in jedem Fall zwingende Voraussetzung.

Wer waren die zwei Denunzianten, die der Reichsschatzmeister Schwarz als leidenschaftliche Nationalsozialisten, uneigennützige und sich nur in den Dienst der Sache stellende Parteigenossen beschreibt?

An den Ingenieur Eschenlohr erinnerten sich später polnische Zwangsarbeiter aus dem Werk Mannheim. Eschenlohr war im September 1944, angetan mit Tirolerhut mit Feder, mit weiteren Mannheimer Kollegen im KZ Dachau erschienen und hat sich aus den nackt aufgereihten polnischen Gefangenen, die alle gerade erst aus dem besetzten Warschau deportiert worden waren, mehr als eintausend für das Werk Mannheim ausgesucht. Personal wurde dringend gebraucht, um den schon lange überfälligen Lizenzbau des Opel-Blitz Dreieinhalb-Tonners jetzt endlich auf den Weg zu bringen. Nach nur einem halben Jahr waren 22 der jungen Polen tot.

Sepp Bildstein wiederum kann man noch heute in vielen Zeitungsartikeln begegnen, denn der höchst erfolgreiche Skisportler, Ingenieur bei einem Flugzeugbauer, bei Steyr, und damals bei Daimler-Benz in Mannheim, baute im Vorarlberg die ersten Skilifte und legte den Grundstein für die dortigen Skiliftimperien. Die Skisicherheitsbindung war eine seiner Erfindungen. Und so konnten die Vorarlberger Nachrichten noch 2019 ohne Einschränkungen den 1970 verstorbenen „Visionär, Techniker und Skisportler“ Sepp Bildstein feiern.

Unterlassene Hilfeleistung

Walter Nabholz war ein Münchner Junge, 1918 geboren und getauft, 1933 konfirmiert. In unserer Geschichte wäre er nicht aufgetaucht, wenn nicht einer seiner beiden Taufpaten Jakob Werlin gewesen wäre. Allerdings hatte der Taufpate Werlin leider keine Zeit, zur Taufe zu kommen, er war wie so oft auf Reisen. Werlin hatte zu der Zeit zusammen mit seiner Familie im Ruhrgebiet gelebt, er war Niederlassungsleiter von Hansa-Lloyd in Essen. Woher sich die beiden Familien kannten, wissen wir nicht, aber es ist z.B. eine Postkarte von Jakob Werlin aus Graz erhalten, auf der er Grüße seiner Mutter an die Familie Nabholz ausrichtet. Die Verbindung gab es offenbar schon länger, und sie wird auch zumindest teilweise das Geschehen oder, besser, Nichtgeschehen überdauern, von dem zu berichten ist.

Walter Nabholz hat später in seinem Leben eine ganze Reihe von autobiografischen Artikeln geschrieben und diese mit allerlei Material garniert. Eine Kopie von alldem hat er an das Institut für Zeitgeschichte in München gegeben.

Nabholz formuliert dort einen traurigen Satz, nämlich dass seine unbeschwerte Kindheit mit dem Ende der Volksschule vorbei war. Auf dem Gymnasium wurde er, wie wir heute sagen würden, gemobbt, denn er war zwar ein christlich erzogener bayrischer „Bua“, aber er war auch im nationalsozialistisch geprägten München ein „Halbjude“, seine Mutter war Jüdin. 1933 wird der ihm entgegengebrachte Hass stärker, und es gelingt ihm 1936, bei seinem in Paris wohnenden Bruder Heinrich unterzukommen und sogar bei dem Automobilzulieferer Monocoup eine Lehrstelle anzutreten – anfangs ohne Aufenthalts- und Arbeitsgenehmigung, eine Arbeitsgenehmigung wird er über die gesamte Zeit in Paris nicht bekommen. Von den inzwischen erlassenen Rassegesetzen wurde er zwar als „Jüdischer Mischling ersten Grades“ gebrandmarkt, aber die Verpflichtung zum Arbeitsdienst und Wehrdienst bestand gleichwohl, und Walter Nabholz musste nach Deutschland zurückkommen und sich zum Arbeitsdienst einfinden. Dort wurde er schnell wegen Krankheit entlassen und konnte in der Firma des Vaters anfangen, einem Reifen- und Vulkanisierbetrieb, der heute noch mit einer Reihe von Filialen in Bayern besteht, damals aber nur aus Walter Nabholz, seinem Vater Heinrich und seinen zwei Schwestern bestand. Sein Bruder Heinrich war bereits in der Armee, dann wurde auch Walter eingezogen und fand sich nach kurzer Zeit an der Ostfront wieder. 1941 gingen die Nationalsozialisten dann in ihrem auch selbstzerstörerischen Rassenwahn einen Schritt weiter, ein Halbjude durfte nicht mehr Soldat sein. Nabholz wurde seine Entlassung von seinem Offizier in Russland mitgeteilt, und diesmal erregte sein jüdischer Status für wenige Augenblicke den Neid seiner Kameraden, als er mit einer von der Front zurückfahrenden Lokomotive in Richtung Heimat mitgenommen wurde. Sein Bruder Heinrich, auch als Soldat an der Ostfront, wurde aus unerfindlichen Gründen nicht entlassen und überlebte Stalingrad nur knapp.

Im Oktober 1944 verhaftet die Gestapo Walter Nabholz in München. Sie bringen ihn mit anderen Männern nach Tiefenort in Thüringen, wo ein Salzbergwerk für die unterirdische Produktion von Rüstungsgütern vorbereitet werden soll. Obwohl diese Baustelle ein Außenlager des Konzentrationslagers Buchenwald ist, haben die Männer nach schwerer Arbeit unter Tage und langen Anmarschwegen danach noch einige Freiheiten, können sich am Ort bewegen. Aber damit ist es schnell vorbei. In einer anderen Grube werden die Männer mit der brutalen Ausbeutung und üblen Behandlung einer großen Zahl sowjetischer Kriegsgefangener konfrontiert, die aus dem Bergwerk gar nicht mehr an die Oberfläche kommen. Auch Walter geht es nicht gut, das Salz greift seine Gesichtshaut an.

Zuhause in München versucht der Vater von Walter, mithilfe der Handwerkskammer München eine Freistellung seines Sohnes zu erreichen, weil die Reifenreparatur auch kriegswichtig sei und Walter dort dringend gebraucht werde. Und er schreibt an den Freund und Taufpaten Jakob Werlin. Sicherlich kann der SS-Offizier, der Generalinspektor des Führers, an der richtigen Stelle ein gutes Wort für diese Freistellung einlegen.

Die Antwort ist ernüchternd. Jakob Werlin schreibt nicht nur, dass er da nichts machen könne, sondern er nennt den Namen in der Anrede nicht, spricht den Vater nur mit „N.“ an, nennt auch Walters Namen nicht und unterschreibt den Brief auch nicht mit seinem Namen. Als Gruß schreibt er: „Heil Hitler!“.

Was ist los? Der Mann, der nach dem Krieg in seinem Spruchkammerverfahren zahlreiche Hilfeleistungen für Nazi-Gegner, Juden und andere ins Visier der Polizeibehörden geratene Bekannte aufzählt, hilft nicht und, noch schlimmer: er verleugnet sein Patenkind?

Die Antwort liegt nahe, auch wenn wir sie nicht belegen können: Werlin hat von der Überwachung durch SD und SS erfahren. Der Mann hat Angst. Wahrscheinlich hat er überlegt, überhaupt nicht auf Nabholz' Bitte zu reagieren. Doch dann wäre der womöglich noch lauter geworden, hätte weitere Versuche gemacht, Werlin persönlich zu kontaktieren, zu treffen. Wenn das herauskäme: In der Endphase des Krieges, die aber niemand so bezeichnen durfte, es sei denn er redete vom Endsieg, in einer Phase, wo die Nervosität und Verrohung noch zunahm, in dieser Phase wäre es hochgefährlich gewesen, wenn ein hochrangiger SS-Führer wie Werlin versucht hätte, einen halbjüdischen jungen Mann vor dem KZ-Arbeitseinsatz zu bewahren. Und in seiner Angst entscheidet Werlin, dass er Heinrich Nabholz antworten muss, ihm absagen muss, er aber gleichzeitig die Gefahr minimieren muss, dass selbst diese Absage gegen ihn gewendet wird, weil sie einen langjährigen Kontakt, sogar eine Patenschaft mit einer „jüdisch versippten" Familie offenlegen würde. Deshalb das Verschweigen aller Namen, deshalb die Unpersönlichkeit seiner Mitteilung.

Walter Nabholz äußert sich später sehr abfällig über Werlin, bezeichnet ihn als Feigling, ist enttäuscht. Die Verbindung der Familien reißt aber offensichtlich nicht ganz ab, und auch Walters Interesse am Taufpaten erlischt nicht völlig: Er sammelt Zeitungsausschnitte, in denen Werlin erwähnt wird, z.B. in Verbindung mit dem Volkswagenprojekt, später fotografiert er dessen Grab, und noch im neuen Jahrtausend bittet er Werlins Sohn Otto um ein Bild von Eglantine Werlin, das er auch bekommt.

Walter Nabholz wird von den Amerikanern befreit, geht zu Fuß nach München. Dort hat ein befreundeter mutiger Arzt Walters Mutter, die den Deportationsbescheid nach Theresienstadt schon eine Weile zuvor bekommen hatte, in sein Krankenhaus eingewiesen, sie für transportunfähig erklärt und es mit medizinischen Manipulationen geschafft, dass sie über Wochen gravierende Krankheitssymptome hatte, und dies bis zur Befreiung durch die Amerikaner. Walter Nabholz, seine Eltern und Geschwister haben überlebt.

Während Walter Nabholz im Salzbergwerk schuftete, war auch sein Taufpate Werlin mit einem Untertageprojekt befasst: der Verlagerung des Motorenwerks Genshagen in eine unterirdische Gipsgrube in Obrigheim.

Die Gefahr, in die Werlin durch die Überwachung der geheimen Dienste der SS geraten war, manifestiert sich nicht. Die Nationalsozialisten verhaften ihn nicht. Es war knapp geworden, aber es ist gut gegangen für Jakob Werlin.

Und dann war der Krieg vorbei.

Nach dem Ende ist noch nicht das Ende

Internierungslager

Am 12. Juni 1945 bekommt Jakob Werlin in Seebruck vom Military Government of Germany seine „Zeitweilige Registrierungskarte". Er ist 59 Jahre alt, als Beruf ist „Fabrikdirektor" angegeben. Hitler ist tot, nachdem er noch in den letzten Tagen des Krieges mit dämlichem Grinsen und übergriffigem Wangentätscheln und Kopfstreicheln Jugendliche und Kinder in den fast unausweichlichen Tod geschickt hat. Er hat sich selbst und seiner Ehefrau letzter Minute Eva Hitler in der Stille des Bunkers ein schmerzloses, schmähliches Ende bereitet. Was Werlin beim Erhalt dieser Nachricht empfand, ist nicht überliefert. Tod eines Freundes? Tod seines Zugangs zur Macht? Eine Ahnung, dass mit dem Ende des Dritten Reichs auch seine Zeit als Unternehmer, „Fixer", Tausendsassa zu Ende ist? Oder hat er das schon lange geahnt, gewusst?

Werlin ist zu dieser Zeit zuhause in Seebruck, nicht in Stuttgart. Er war für einen Vorstand der Daimler-Benz AG außergewöhnlich selten in Stuttgart, ob er jetzt dort gerade nicht gewollt oder sein Ausscheiden durch die Besatzer schon erzwungen worden war, wissen wir nicht. Er ist zuhause, auch wenn die Wohnung in Seebruck sich mit Flüchtlingen füllt und die Familie Werlin kaum mehr über zwei Zimmer verfügt. Zuhause in seinem Wohnort soll er auch bleiben, so wird es scharf angeordnet auf der Registrierungskarte der Besatzer, er darf Seebruck nicht verlassen. Ob er das mit einem Passierschein dann doch durfte oder ob er wie viele einfach herumgereist ist, wissen wir nicht. Vielleicht ist der sonst eher rastlose Manager tatsächlich eine Reihe von Wochen in seiner kleiner werdenden Wohnung geblieben.

Am 1. Oktober 1945 wird Jakob Werlin von den Amerikanern verhaftet. Es ist der „automatische Arrest", der für Parteiangehörige mit Leitungsfunktionen, genauso für SS-Angehörige in höheren Rängen unabhängig von irgendwelchen weiteren Vorwürfen gegen die Betroffenen aufgrund ihrer formalen Funktion angeordnet wird. Es handelt sich nicht um eine Untersuchungshaft, auf die ein Gerichtsverfahren folgt, es ist keine befristete Maßnahme – er wird schlicht interniert. Wie das ganze ausgehen wird, wissen weder Werlin noch die Besatzer.

Seine erste Station ist Moosburg, ein ehemaliges Kriegsgefangenenlager der Deutschen, von den amerikanischen Truppen erst vor wenigen Monaten befreit. Hier waren unter anderem sowjetische Kriegsgefangene untergebracht, von denen Tausende weiter nach Dachau verlegt wurden und dann in der Nähe des Lagers von der SS erschossen wurden. Als nächstes folgt für Werlin das Internierungslager Dachau, das ehemalige Konzentrationslager, in dem es jetzt verschiedene Sektionen gibt für Zivilinternierte, vermutete Kriegsverbrecher, kriegsgefangene deutsche Soldaten und andere. Die hygienischen Bedingungen sind schlecht, das Essen nicht gut, aber es sind keine Insassen verhungert, wie es in anderen Besatzungszonen in Einzelfällen passierte. Allerdings war der persönliche und soziale Sturz für Werlin kaum gebremst. Erst füllt sich seine eigene Wohnung mit anderen Personen, dann geht es weiter nach unten: Internierungslager mit Mitgefangenen unterschiedlichster Haftbegründung, vom „automatischen" Arrest bis zum Vorwurf der Kriegsverbrechen. Immerhin waren Werlin und die Mitgefangenen nicht dem Terror ausgesetzt, den Werlins SS-„Kollegen" in den Lagern nicht lange vorher verbreitet hatten. Es gab keine Erschießungen, niemand wurde von den Wachleuten totgeprügelt, niemand musste nackt im Winter draußen strammstehen. Dennoch haben sich einige der Inhaftierten nicht gescheut, sich mit der Situation der KZ-Häftlinge zu vergleichen, und auch Werlin wird später einen etwas merkwürdigen Satz formulieren, der auf einen solchen Vergleich hinausläuft.

Im Juli 1947 kommt er nach Ludwigsburg ins Lager E 76 auf dem Hohenasperg. Ob er etwas davon ahnte, welche bedeutenden inhaftierten Vorgänger aus dem süddeutschen Geistesleben er dort hatte, wissen wir nicht. Nichts in seiner Biografie deutet darauf hin, dass er gerne geschichtliche Bücher gelesen hat und schon gar nicht Freiheitsdichter aus dem 19. Jahrhundert. Später ab Oktober 1947 kommt er ins Lager 72 in Ludwigsburg, dort zum Schluss in die Lager 74 und 75. Der Zeit seines Lebens als höflich und freundlich im persönlichen Umgang geschilderte Jakob Werlin kommt hier zumindest einmal an die Grenzen seiner Contenance: Im Mai 1947 wird er vom Lagerführer mit drei Tagen „geschärften Arrests" bestraft, weil er sich „dem Bereitschaftsführer Erber gegenüber ungebührlich verhalten" hat.

Werlin vor der Spruchkammer

„… unser unbeugsamer Wille, den deutschen Militarismus und Nationalsozialismus zu zerstören …" Mit diesem Satz aus der „Amtlichen Verlautbarung" der Jaltakonferenz mit Stalin, Roosevelt und Churchill im Februar 1945 war die Grundlage gelegt, dem militärischen Sieg die auferlegte politische, gesellschaftliche und moralische Erneuerung in Deutschland folgen zu lassen, wobei die „Denazification", die „politische Säuberung", eine zentrale Rolle spielte.

Für Jakob Werlin wird sein Spruchkammerverfahren, seine „Entnazifizierung" zunächst Hoffnung begründet haben, denn seine Internierungshaft wurde vor allem aus formalen Gründen (Stellung in der SS, Generalinspektor) angeordnet. Jetzt könnte eine individuelle Untersuchung seines Falles Freiheit und Rehabilitierung bedeuten.

„Mitläuferfabriken" waren die Spruchkammern in der Betrachtung ihrer Kritiker. Der „Persilschein" als Entlastungsmittel der Betroffenen hatte Hochkonjunktur. Natürlich war diese Kritik undifferenziert und pauschal, aber bei Betrachtung konkreter Fälle schälen sich wiederkehrende Muster heraus, und der Fall Jakob Werlin enthält alle Elemente eines durchschnittlichen Verfahrens.

Die Spruchkammern waren keine Gerichte, auch wenn vieles an ein Gericht erinnerte. Sie dienten der Sühne, aber selbst Verurteilungen zu Arbeitslager waren keine Strafen, sondern Sühnemaßnahmen, wie auch die Einziehung von Vermögen, das Verbot von selbständigen Tätigkeiten oder der Wahrnehmung von Beamtenfunktionen oder auch das Verbot des Führens eines Kraftfahrzeugs nur Maßnahmen waren. Ein Spruch einer Kammer verhinderte nicht, dass der Betroffene später von einem Gericht wegen der gleichen Sachverhalte angeklagt wurde.

Jakob Werlin hatte sich vor der Spruchkammer VII des Internierungslagers in Ludwigsburg zu verantworten. Auch vor der Spruchkammer waren es wie bei der Internierung in der Regel zuerst formale Anknüpfungspunkte, die dem Betroffenen vorgehalten wurden, bei Werlin insbesondere Mitgliedschaft und Rang innerhalb der Partei und der SS, sowie vor allem aber auch die Bestellung und Tätigkeit als Generalinspektor des Führers für das Kraftfahrzeugwesen und die damit gegebene unmittelbare Unterstellung unter Hitler persönlich.

Diese formalen Kriterien begründeten zunächst die vorläufige Einordnung in eine der von den Amerikanern vorgesehenen Kategorien, die Skala reichte vom Hauptschuldigen, Belastetem, Minderbelastetem, Mitläufer bis zum Entlasteten. In seinem Fall: Hauptschuldiger. Es war Sache des Betroffenen, diese formale Einordnung zu erschüttern, in dem er gegen diese Einstufung Einwände, Fakten, Haltungen usw. vortrug, die ihn in einem besseren Licht darstellten und zu seiner besseren Beurteilung führen sollten. Im Unterschied zur normalen Gerichtsbarkeit war damit die Beweislast umgekehrt, nicht die Schuld wurde vom Ankläger bewiesen, sondern der Betroffene musste sich selbst rechtfertigen, seine geringere Schuld darlegen und nachweisen. Diese Notwendigkeit zur Selbstrechtfertigung war, so die Historikerin Cornelia Rauh, der politischen Moral der Nachkriegsgesellschaft äußerst abträglich. Die Täter wurden zu Opfern, jegliche Einsicht in Fehler wurde in der Suche nach Entlastung verstellt, und der erwähnte Wildwuchs der „Persilscheine" war in dieser Konstellation unausbleiblich.

Auch Werlin suchte fieberhaft nach Entlastung, und er, sein Anwalt und vielleicht auch Familienmitglieder organisierten einen Strom von Briefen und Aussagen, die darlegen sollten, dass er mit dem Nationalsozialismus nichts zu tun hatte, im Gegenteil, sich unter Einsatz seines Lebens für Verfolgte eingesetzt habe, letztlich ein Widerständler gewesen sei.

In den Spruchkammerakten begegnen wir wieder vielen, die wir schon erwähnt haben, z.B. den Daimler-Direktoren Haspel und Hoppe, dem Volkswagen-Geschäftsführer Bodo Lafferentz, aber z.B. auch Friderica Derra de Moroda. Auch Werlins Sekretärinnen in München, der Betriebsratsvorsitzende in der Münchner Niederlassung und dortige Mitarbeiter sowie weitere Wegbegleiter bei Daimler-Benz unterstützten Werlin mit positiven Aussagen.

Die Liste von Mitarbeitern und anderen, denen Werlin nach Angaben der Unterstützer konkret und mutig geholfen hat, ist lang und in Teilen eindrucksvoll:

Da sind natürlich der schon behandelte Einsatz für die Direktoren Haspel, Hoppe, Werner und die Angriffe seitens der örtlichen Parteifunktionäre, die er sich dafür eingehandelt hatte. Als Werlin diese Themen in direktem Kontakt mit Hitler klärte, brachten die ihm die Warnung von Himmler ein: „Ich werde Sie zur Verantwortung ziehen."

Da gab es August Lovrek, ehemaliger Jugendführer des Reichsbundes der Österreicher, der wegen antifaschistischer Betätigung in das Konzentrationslager Dachau verbracht wurde. Werlin erreichte seine Freilassung und stellte ihn in München ein.

Auch den politisch verfolgten Gottlieb Paulus stellte er in Stuttgart ein, der wiederum wird aktiver und sehr eifriger Zeuge im Spruchkammerverfahren auf der Seite von Werlin.

Die Tochter eines Grazer Ingenieurs wurde in Dresden von der Gestapo verhaftet, Werlin erwirkte ihre Freilassung.

Für einen Martin Wilhelm, der sich abfällig über Goebbels geäußert hatte, übernahm er die Bürgschaft und verhinderte damit ein Verfahren gegen ihn.

Der in Budapest als angeblicher Jude und Judenfreund in Bedrängnis geratene Direktor der Daimler-Benz Niederlassung, Theodor Jakab, wurde von Werlin unterstützt und verteidigt.

Und natürlich und zu Recht wird Werlins Rettungsaktion für Eugen Hubing, Büssing-Betriebsleiter, den er in letzter Minute vor dem Galgen bewahrte, als ein sehr gewichtiges Argument für seinen sehr mutigen Einsatz für in politische Bedrängnis geratene Menschen in das Spruchkammerverfahren eingebracht.

Mit diesen und weiteren Aussagen und häufig dazu passenden Eidesstattlichen Versicherungen der jeweils von Werlin unterstützten Personen wurde ein Bild gezeichnet, das zum einen menschliche Größe und Mut zeigte, mit dem aber auch Werlins Anwalt versuchte, ihn in einen politischen Gegensatz zum Nazi-Regime zu rücken. Werlin selbst formuliert in einem achtzehnseitigen eng beschriebenen Brief: „ … weil ich die nationalsozialistische Gewaltherrschaft weder gefördert noch auch nur bejaht habe. Ich habe ihr vielmehr entgegengewirkt."

Ob wir allen Rettungsgeschichten glauben dürfen, das können wir nicht mehr klären. So gab es z.B. auch die Geschichte der Kruzifixe in Bayerns Schulen. Der Gauleiter Wagner hatte die Entfernung aller Kruzifixe aus den bayrischen Schulen verlangt. Werlin, der mit gebrochenem Bein im Krankenhaus lag, wurde auf dieses Thema von Emmy Rid, einer Bekannten, Inhaberin eines Schuhwarenladens, angesprochen, und er beauftragte angeblich Emmy Rid, seinem Büroleiter in München auszurichten, dass der sich darum kümmern möge. Der Kruzifixbeschluss wurde nicht umgesetzt, und Frau Rid gab zu Protokoll: „Es ist möglich, dass auch andere Stellen mitgewirkt haben. Aber bestimmt hat Herr Werlin das Seinige dazu beigetragen." Von irgendeiner Aktivität des Büroleiters oder von Werlin aus dem Krankenhaus wird nichts berichtet.

Die Beschaffung von entlastenden Aussagen war der eine große Strang von Werlins Rechtfertigungsaktivitäten, das andere war die Marginalisierung seiner herausgehobenen Stellung in der Daimler-Benz AG und als Generalinspektor für das Kraftfahrzeugwesen. Bei Daimler-Benz war er als Vorstandsmitglied, so seine Lesart, nur Mitglied eines Gremiums, konnte alleine nichts tun, war überdies ohne eigenen Geschäftsbereich. Als Generalinspektor habe er gar nichts zu sagen gehabt, die operativen Funktionen hatten andere, er habe nur berichtet und auch das selten und wenn überhaupt, dann habe er einen kleinen Beitrag unmittelbar für die Soldaten im Osten geleistet, in dem er zum Beispiel auf Öl für tiefere Temperaturen hingewirkt habe und darauf, die Fahrzeuge insgesamt winterfester zu machen. Kein Wort zu den Reparaturbetrieben Werlin I und II.

Und dann waren natürlich noch die Mitgliedschaften zu relativieren. Der Eintritt in die Partei 1933: „Ich trug damit lediglich den politischen Verhältnissen Rechnung." Und die SS-Mitgliedschaft mit Ernennung zum SS-Untersturmführer habe ihm Himmler ohne vorherige Information aufgedrängt, auch eine beliebte Behauptung vieler prominenter SS-Angehöriger nach dem Krieg in den Spruchkammerverfahren. Von der Ernennung zum Brigadeführer SS 1944 habe er nichts gewusst.

Uniform habe er nur selten getragen, etwa bei Eröffnungen von Automobilausstellungen. In einer Verhandlung macht er sogar die Aussage, er habe die Uniform nur zu Beerdigungen angezogen. Angesichts vieler Fotos, die das Gegenteil bezeugen, eine dreiste Lüge.

Werlins Stuttgarter Anwalt vergaß auch nicht zu erwähnen: Die Beziehung zu Hitler war rein geschäftlich. Wir wissen es besser.

Für die Verteidigung spielte auch eine Rolle, dass Jakob Werlin, was sich auch in dieser Biografie und den dazu getätigten Nachforschungen bestätigt, offenbar ein Mann mit überwiegend angenehmen Umgangsformen war, durchaus mit sozialem Gewissen und einem für seine Stellung bescheidenen Auftritt und persönlichen Lebensstil. Er legt Wert darauf, dass er Mitglied der katholischen Kirche ist, in der Kirche geheiratet hat, seine Kinder getauft sind.

In der Bevölkerung spielten solche Haltungen nach dem Krieg eine große Rolle. Nationalsozialistische Funktions- und Amtsträger, die sich im Alltag menschlich anständig verhalten haben oder wenigstens insgesamt einen vernünftigen Umgang vermittelten, wurden deutlich besser beurteilt und unterstützt als die kleinen Blockwarte, SA-Führer und fanatischen Mitglieder, die unmittelbar Gewalt ausübten, drangsalierten, denunzierten und sich Autorität anmaßten, die sie nicht hatten. Aber gerade die fielen dann häufig unter eine der Amnestien, mit denen die Alliierten die unüberschaubare Zahl der Fälle reduzieren wollten.

Die Spruchkammer in Sachen Werlin in erster Instanz, genauso wie die beiden folgenden Berufungskammern, haben es sich nicht einfach gemacht. Es wurden Polizeiauskünfte der Münchner Polizei eingeholt, die SS-Personalakte in Kopie aus Berlin angefordert, es wurden nicht nur viele eidesstattliche Versicherungen gelesen, sondern auch eine Reihe von Zeugen gehört.

Dennoch wurden weite Bereiche von Werlins Tätigkeit überhaupt nicht einbezogen. So etwa die Tätigkeiten im Komplex Volkswagen oder auch die Vorstandstätigkeit bei Daimler-Benz. Werlin hätte diese Teile seiner Arbeit natürlich als rein fachlich gesehen, ohne politischen Gehalt, keine Unterstützung des Regimes. Immer wieder betonte er in seinen zahlreichen Stellungnahmen, dass er ein Autofachmann sei, völlig unpolitisch, den Nationalsozialismus nicht unterstützt habe, ihm auch nichts verdanke. Letzteres wissen wir besser – siehe Rauswurf und dann nach der Machtergreifung die Berufung in den Vorstand. Aber auch die Frage der Unterstützung des Regimes durch die „Fachleute" wurde völlig verkannt. Das Vorstandsmitglied eines großen Unternehmens, das im Krieg zum Rüstungsbetrieb wurde, der Arbeitskräfte ohne Rücksicht auf Verluste beschaffte und antrieb, hat natürlich das Regime damit unterstützt. Damit ist nicht behauptet, dass es in allen Fällen einfache Alternativen für die Handelnden gab. Aber oft gelang es denen, die sich vor den Spruchkammern zu rechtfertigen hatten, das Bild unpolitischer Fachtätigkeit zu zeichnen. Als ob politische Unterstützung nur in Formen von Parteitagsauftritten, Hetzschriften und lautstarkem Hervortreten möglich gewesen sei.

Nur einmal kommt die Frage nach seiner Verantwortung als Mitglied des Leitungsgremiums Vorstand Daimler-Benz-AG für das Handeln des Gesamtunternehmens und damit auch die Frage der Verantwortung des Unternehmens und seines Vorstands in den Gesichtskreis der Spruchkammer. Ein Mitarbeiter einer Baufirma schildert dem öffentlichen Ankläger die Zustände im unterirdischen Verlagerungswerk „Goldfisch". Bevor wir zum jeweiligen Spruch der drei Instanzen kommen, lohnt es sich, auf diesen Komplex etwas genauer zu schauen.

Die Wahrheit über „Goldfisch"

Am 13. Juni 1948 macht der dreiundsechzigjährige Zimmermann Fritz Gehring vor einem Sachbearbeiter des Öffentlichen Klägers der Berufungskammer Ludwigsburg in Sachen Jakob Werlin eine bedrückende Aussage. Er hatte als Mitarbeiter der Bau- und Ingenieurfirma Wayss & Freytag im – wie er sagt – Daimler-Benz Werk Neckarelz gearbeitet.

Unter dem Tarnnamen Goldfisch GmbH wurde beginnend im Mai 1944 die Verlagerung des mehrfach bombardierten Flugmotorenwerkes Genshagen der Daimler-Benz Motoren GmbH in einen Gipsstollen in Obrigheim am Neckar (nahe Neckarelz) realisiert. Eine in jeder Hinsicht extreme logistische und bauliche Herausforderung, bei der es nicht nur um die Verlagerung von zweitausend Maschinen ging, sondern auch darum, den Stollen fabrikgemäß mit Wasser, Strom, Fundamenten, Lüftung zu versehen. Und es war notwendig, die zeitweilig bis zu zehntausend Arbeitskräfte für den Bau und den Betrieb sicherzustellen, für deren Unterkunft vor Ort zu sorgen.

Fritz Gehrings Erinnerungen an seinen Arbeitseinsatz sind erschütternd. Er spricht von etwa 3.000 KZ-Häftlingen, die im Projekt beschäftigt waren. Wachmannschaften und Vorarbeiter liefen mit Stöcken herum und schlugen die Arbeiter aus dem geringsten Anlass. Wer das Leistungsziel nicht erreichte, wurde abends im Lager mit Gummiknüppeln „zerschlagen", so Gehring. Die Häftlinge mussten ihre Latrinen mit völlig unzureichenden Mitteln leeren, so dass sie über und über beschmiert wurden. Fehlte ein Häftling abends, mussten die anderen stundenlang, auch im Winter und bei Regen, draußen stehen bleiben, bis der fehlende Mann gefunden war. Wenn bei der Arbeit jemand fehlte, den Gehring kannte, dann wurde ihm gesagt, dass derjenige erschossen oder erhängt worden war. Das Essen für die Häftlinge war katastrophal. Gehring schließt seinen Bericht: „Die Verhältnisse für die Häftlinge waren einfach himmelschreiend und viele von uns freien Arbeitern außerordentlich bedrückt."

Diese Aussage veranlasste Werlins Anwalt, eine Stellungnahme von Daimler aus Stuttgart einzuholen, die er auch auf drei Seiten mit Direktionsschreiben vom 6. August 1948 bekam:

Das „Untertagewerk" in der Nähe von Neckarelz sei kein Verlagerungsbetrieb der Daimler-Benz AG, vielmehr der Daimler-Benz Motoren GmbH in Berlin-Genshagen, „einer handelsrechtlich selbständigen Gesellschaft, die aufgrund von Lizenzverträgen Daimler-Benz Motoren herstellte."

Die Auflage zur Verlagerung dieser Produktion sei vom Reichsminister für Rüstung und Kriegsproduktion verhängt worden.

In der Fertigung dieses Betriebs in Obrigheim seien niemals KZ-Häftlinge beschäftigt gewesen, sondern Mitarbeiter, die vorher in Genshagen beschäftigt waren oder Neueingestellte aus dem Neckartal.

Das Herrichten des Gipsstollens für die industrielle Produktion war Aufgabe des SS-Hauptamts für Verwaltung und Wirtschaft, das auch KZ-

Häftlinge eingesetzt habe, womit aber die Daimler-Benz Motoren GmbH nichts zu tun hatte. „Die Letztere hatte lediglich die fertiggestellten Räume zu beziehen."

Daraus ergebe sich, dass Herrn Werlin wegen der Missstände in der Behandlung von KZ-Häftlingen durch den örtlichen SS-Führungsstab und die Wachmannschaften nichts zur Last gelegt werden könne.

Werlin habe weder auf die Daimler-Benz Motoren GmbH noch auf die Goldfisch GmbH „irgendeinen maßgebenden Einfluss gehabt".

Werlins Tätigkeiten innerhalb der Daimler-Benz AG seien sowohl als Leiter der Verkaufsfiliale München wie auch dann im Vorstand die Verkaufstätigkeit und Fragen der Verkaufsorganisation gewesen.

Es ist möglich, viel Richtiges zu sagen, und damit den Kernpunkt einer Angelegenheit bewusst zu verfehlen oder an den Rand zu drängen. Das hat das Unternehmen mit diesem Schreiben erreicht, und auch in einem vorherigen Spruchkammerverfahren gelang es dem Geschäftsführer der Daimler-Benz Motoren GmbH Dr. Krumbiegel mit dieser Argumentation, komplett entlastet zu werden.

Die Daimler-Benz Motoren GmbH in Genshagen bei Berlin war ein Flugmotorenwerk, Teil der Rüstungsoffensive. Das Werk wurde auf dem Reißbrett geplant, es vereinte Forderungen auf modernste Produktionsgestaltung mit denen einer aufgelockerten getarnten Bauweise, damit die Verwundbarkeit bei Luftangriffen vermindert war. Auch die Mitarbeiterbelange spielten eine große Rolle: vorbildliche Werkssiedlungen waren in der Nähe der Fabrik geplant, allerdings wurde nur wenig realisiert.

Gehörte das Werk in den Anfängen überwiegend dem Staat mit nur einem kleinen Anteil der Daimler-Benz AG, so war das Werk schon 1940 zu 100 Prozent im Eigentum des Unternehmens. Als Leiter des Werkes wurde Karl Christian Müller („K. C. Müller") eingesetzt, ein „Technokrat und Nationalsozialist, in dessen Persönlichkeit sich fachliche Kompetenz mit Energie und hemdsärmeliger Durchsetzungsfähigkeit verband", so Rainer Fröbe im Daimler-kritischen „Daimler-Benz Buch" von 1987.

Auch das Werk Genshagen war eine Geschichte von Zwangsarbeit, von unterschiedlichen Beschäftigungsgruppen, von Halbfreiwilligen aus den besetzten Gebieten über Kriegsgefangene, SS-Häftlinge, zwangsweise deportierten Arbeiterinnen und Arbeitern bis hin zu KZ-Häftlingen. Mit seinem Buch „Innere Bilder wird man nicht los. Die Frauen im KZ-Außenlager Daimler-Benz Genshagen" aus 2011 hat Helmuth Bauer den zwangsrekrutierten Mitarbeiterinnen und Mitarbeitern ein sehr berührendes biografisches Denkmal gesetzt, mit vielen Berichten der Betroffenen, ihrem Leben damals und danach, mit von ihnen geschaffenen Bildern.

Für uns bleibt festzuhalten: die Daimler-Benz Motoren GmbH war, wie korrekt im Direktionsbrief ausgeführt, ein gesellschaftsrechtlich eigenständiges Unternehmen, aber sie gehörte der Daimler-Benz AG. Ihr Geschäftsführer K. C. Müller war gleichzeitig Mitglied des Vorstands der Daimler-Benz Aktiengesellschaft. Und die Daimler-Benz AG kümmerte sich um ihre Tochtergesellschaft.

Nicht anders war es bei der Verlagerung: Die war zwar Teil einer umfassenden Verlagerungsstrategie für die Rüstungsindustrie unter dem Kommando des sogenannten „Jägerstabs", der auch die möglichen Gruben, Höhlen, Tunnel etc. dafür verteilte. Doch Daimler war vom ersten Schritt an dabei. Am 7. März besichtigte („befuhr") K. C. Müller erstmals die Grube in Obrigheim, einen Tag, nachdem Genshagen von einem Luftangriff schwer getroffen wurde. Der Hausarchitekt der Daimler-Benz AG, Dipl.-Ing. Eugen Kiemle, machte sich sofort an die Planung zur Herrichtung der Grube und errechnete den dafür notwendigen Personalbedarf. Er begleitete den Ausbau der Gipsgrube, den Barackenbau, Fragen der Baulogistik, aber auch Fragen der Qualifikation der gestellten Bauarbeiter. Offiziell wurde er allerdings durch die SS 1944 „zwangsrekrutiert", aber er blieb in seinem Handeln wohl weitgehend ein „Daimler-Mann". Die Leitung der Bauarbeiten hatte die SS, sie war auch für das Baupersonal zuständig, soweit es von ihr und nicht von den beteiligten Baufirmen gestellt wurde. Aber auch diese Vorbereitungsarbeiten wurden in sehr enger, wenn auch nicht immer reibungsloser, Abstimmung zwischen SS und Unternehmensbeauftragten vorgenommen – der oben genannte Rainer Fröbe schildert dies in seinem Beitrag für das „Daimler-Benz Buch" anhand von Dokumenten ausführlich. Auch die Personalfrage wurde von Daimler-Benz intensiv begleitet. Am 21. April 1944 schreibt Kiemle, noch in Daimler-Diensten, dass es nunmehr drei Wochen her sei, dass „wir auf das Eintreffen von weiteren etwa 1.000 Sträflingen warten", und drei Tage später notiert er, dass es außerordentlich hemmend sei, „dass die zugesagten weiteren 1.000 besser sogar 1.500 Kz-Leute (sic) nicht eingetroffen sind".

Schon am 4. April waren der Vorstandsvorsitzende Haspel, Entwicklungsvorstand Nallinger und weitere hochrangige Vertreter der Daimler-Benz AG zu einer Besprechung vor Ort in Obrigheim, bei der Planungs- und Personalkapazitäten, Termine usw. behandelt wurden, was dann am gleichen Tag von K. C. Müller sowie Kiemle und dessen örtlichem Bauleiter mit der SS diskutiert wurde.

Am 30. September 1944 war der Höchststand mit 2.944 KZ-Häftlingen im „Außenkommando Neckarelz" des Konzentrationslagers Natzweiler erreicht, d.h. Fritz Gehring lag mit seiner Zahl nicht falsch. Anders als im Daimler-Benz-Schreiben vom 6. August 1948 behauptet, wurden viele der beim Bau eingesetzten KZ-Häftlinge dann auch nach Produktionsstart in die Produktion übernommen, genauso wie in der Produktion auch die aus dem Betrieb Genshagen kommenden Zwangsarbeiter und KZ-Häftlinge im „Goldfisch" weiterarbeiten mussten. K. C. Müller forderte überdies persönlich weitere KZ-Häftlinge für die Produktion bei der SS ein. Die Behauptung, dass in der Fertigung keine KZ-Häftlinge eingesetzt wurden, war schlicht unwahr, ebenso die Behauptung, dass die Daimler-Benz Aktiengesellschaft mit all dem nichts zu tun gehabt habe.

Sowohl im Stollen wie auch in den völlig überfüllten Lagern, in denen die Häftlinge außerhalb der drakonisch langen Arbeitszeiten „lebten", waren die Bedingungen schrecklich: Im Stollen herrschten miserable Luftbedingungen, es war entweder viel zu kalt oder viel zu warm, die Härterei setzte giftige Dämpfe frei. Von der Stollendecke krachten große Stücke aufgrund der Austrocknung herunter, bei einem Abbruch kamen 22 Mitarbeiter ums Leben. Ruhrepidemien wüteten unter den Häftlingen. Die verschiedenen Häftlingsbaracken und Unterkünfte in den unterschiedlichen Lagern waren ungeheizt, die hygienischen Bedingungen mit viel zu wenig Waschmöglichkeiten katastrophal. Im Oktober 1944 wurde ein Lager vom Neckar überflutet, die Häftlinge mussten sich auf dem Weg zur Arbeit im Stollen durch regelrechte Wassermassen durchkämpfen, wobei zwei „Ostarbeiterinnen" ertranken. Das Essen war fürchterlich, kam oft viel zu spät. Niederländische Zwangsarbeiter halfen einer Reihe von KZ-Häftlingen, indem sie ihnen von ihrem eigenen, zu wenigem Essen abgaben. Selbst der eingangs erwähnte Dr. Krumbiegel, Betriebsleiter von „Goldfisch", notierte bei einer Inspektion des Lagers Neckarelz, dass oft drei Arbeiter auf zwei Strohsäcken schlafen mussten, keinerlei Zwischenwände und Gänge wegen der Überfüllung existierten, die sanitären Anlagen minderwertig und unzureichend seien.

Außerhalb der Stollen und in den Lagern terrorisierte die SS die Arbeiter, einige Hinrichtungen sind dokumentiert. Kranke Häftlinge mussten weiterarbeiten, nur bei Fiebertemperaturen über 39 Grad kamen sie auf die überfüllte Krankenstation, wo nicht viel für sie getan werden konnte.

Wenn sie nicht schnell wieder ihre Arbeitsfähigkeit erreichten, wurden sie in ein Lager in Vaihingen/Enz verlegt, das ein Sterbelager war, in dem die arbeitsunfähigen Häftlinge weitgehend nur ihrem Tod überlassen wurden. Fritz Gehrings Bericht kam der Wirklichkeit wohl sehr nahe.

Diese Hölle, die der „Goldfisch" und die angeschlossenen Lager für die Häftlinge bedeutete, kann den Krumbiegels und Müllers nicht entgangen sein. Sie hinderte Müller jedoch nicht daran, vorzuschlagen, das wenige und jämmerliche Essen noch nach Leistung zu verteilen, also (noch) weniger Essen für Kranke oder für „Arbeitsunwillige", insbesondere die SS-Gefangenen.

Zum Schluss, als die Amerikaner nicht mehr weit waren, entledigte man sich des grausamen Anblicks der Arbeiter: Die SS bekam 10.000 Reichsmark von Daimler-Benz, um die SS-Strafgefangenen teils im „Evakuierungsmarsch", teils mit der Bahn nach Dachau zu befördern. Auch die anderen Zwangsarbeiter wurden auf den Weg gebracht. Von etwa 4.000 Häftlingen erreichten ca. 3.400 Dachau, allein beim Bahntransport starben 181 entkräftete Arbeiter. Die eingerückten Amerikaner sahen eine bemerkenswerte Untertagefabrik, aber nicht die bis kurz zuvor durch Arbeit, Vernachlässigung und Terror geschundenen Zwangs- und KZ-Arbeiter.

Doch Jakob Werlin und auch Haspel und die anderen Vorstandskollegen kamen davon: Die Spruchkammern gaben sich mit den Angaben der Daimler-Benz AG zufrieden. So kamen die Ankläger auch nicht auf die Frage, wie weit der Vorstand mit allen seinen Mitgliedern für solche Verhältnisse, die ja hier auch nur für dieses einzelne von vielen Verlagerungsprojekten angerissen wurden, kraft Amtes verantwortlich waren. Die Gesamtverantwortung eines Unternehmensvorstands kam nicht auf den Prüfstand. Die Spruchkammern befassten sich mit einzelnen Personen, z.B. Jakob Werlin, der ihnen in seiner Logik sagen konnte: Ich war Autofachmann, ich war für das Unternehmen mit meinem Wissen hilfreich, ich habe niemandem geschadet, ich habe vielmehr vielen geholfen.

Allerdings zeigt die nähere Betrachtung, dass nicht mal dies stimmt, selbst wenn wir uns auf diese Logik einlassen würden. Werlin hat nämlich auch bei Goldfisch persönlich mitgemischt:

Am 11. Mai 1944 ist es Jakob Werlin, der Hitler in Person über die Verlagerung und die Probleme unterrichtet.

In diesem Gespräch hatte Werlin Hitler auch die Entscheidung abgerungen, dass der geräumige Gebäudekomplex „Heimschule Mosbach", der SS unterstellt, für die Unterbringung der Arbeiter zur Verfügung gestellt wird.

Kurz darauf spannt K. C. Müller seinen Kollegen Werlin ein, um zwei Lager des Reichsarbeitsdienstes zu requirieren, die von Frauen im Arbeitsdiensteinsatz belegt waren. Auf den Einwand, dass die Frauen dort einen kriegswichtigen Einsatz absolvierten, entgegnete Werlin, „dass die Motoren noch wichtiger sind als die Maiden." Dann intervenierte allerdings die RAD-Bezirksführerin in Straßburg: Es könne ja wohl nicht angehen, dass „Zuchthäusler und SS-Gefangene" in die schönen RAD-Baracken einziehen würden. Werlin meldete sich mit einem Anruf aus Berchtesgaden und teilte die Entrüstung der Bezirksführerin: Das „Schmuckkästchen", als das er die Gebäude sah, dürfe nicht „entehrt" werden, nur „reichsdeutsche, unbescholtene Rüstungsarbeiter" dürften dort einziehen. Tatsächlich wurde der Komplex dann mit Stacheldraht umzäunt, zusätzliche Zelte aufgestellt, und 700 für die Bauarbeiten notwendige SS-Häftlinge (d.h. ehemalige SS-Angehörige, die sich disziplinarischer Vergehen schuldig gemacht hatten) zogen ein.

„Aus dem ‚Schmuckkästchen' Werlins war ein Straflager geworden", kommentiert Fröbe in seiner „Goldfisch"-Ausarbeitung.

Am 10. November 1944 ist Werlin dabei, als „mit großem Bahnhof" die Produktionsstätte offiziell eingeweiht wurde. Wie üblich bei solchen Anlässen wird der Veranstaltungsort im Stollen nochmal gründlich entstaubt, ein Werksorchester spielt. K. C. Müller hält eine Rede mit den Worten „… dass wir die Forderung unseres Führers, unsere Luftwaffe mit den Motoren zu versorgen, die zur siegreichen Beendigung des Krieges gebraucht werden, erfüllen." Ob die Geladenen dies zu diesem Zeitpunkt noch ernsthaft glaubten, dürfen wir bezweifeln. Für sie hatten die Verlagerungen schon längst einen weiteren Zweck: Die Maschinen vor den Luftangriffen zu retten und für den Moment des Wiederanlaufs nach Kriegsende zu bewahren.

Und noch einmal betritt Werlin die Bühne Goldfisch: Als der Chef des Rüstungsstabes Karl-Otto Saur im November das Werk besichtigt, ist der so begeistert, dass er zusammen mit Werlin beschließt, Hitler dieses gelungene Projekt zu präsentieren. Werlin beauftragt im Führerhauptquartier einen für solche Dinge offenbar zuständigen Oberstleutnant damit, einen Film darüber herzustellen: „Der Film soll dem Führer vorgeführt werden." Letztlich ist daraus wohl nichts geworden. Nachdem der „Führer" nie in einem Konzentrations- oder Vernichtungslager vor Ort die Konsequenzen seiner Weltanschauung persönlich erlebt hatte, hätte er wohl auch wenig Neigung gezeigt, im Film ausgemergelte, gebrochene Männer und Frauen an den Maschinen der Flugmotorenfabrik „Goldfisch GmbH" arbeiten zu sehen.

Die Spruchkammern jedenfalls wussten nichts von diesen persönlichen Berührungspunkten Jakob Werlins mit der „Goldfisch GmbH“, und so legten sie die Aussage von Fritz Gehring und den Brief der Daimler-Benz AG auf die Seite und griffen das Thema nicht mehr auf.

Wenn man heute an einem sonnigen Vormittag die von außen sichtbaren Überreste der „Goldfisch GmbH“ in Augenschein nimmt, so fällt es schwer, sich vorzustellen, dass an und in dem Hang über dem Neckar bei Obrigheim diese irrwitzige Verlagerungsanstrengung unter Ausbeutung tausender Menschen stattfand, die über alle Grenzen der Belastbarkeit dort geschunden wurden. Zwar ist es heute am Abhang nicht ruhig, da unten im Neckartal der Verkehr ohne Unterlass rollt, aber die baulichen Reste am Hang liegen friedlich im Wald, so der Ein- und Ausgang des kurzen Bahntunnels, die Balkenstruktur einer Ladehalle, das Fundament des Kesselhauses, das für eine bessere Temperierung des Stollens sorgen sollte, die lange Treppe durch den Wald, die die Arbeiter jeden Morgen zum Stolleneingang in der Mitte des Abhangs hinaufsteigen mussten. Was man nicht anschauen kann, ist das riesige Stollensystem, in dem die Produktion dann noch für wenige Monate anlief, auf einer nutzbaren Fläche von über 50.000 Quadratmetern. Dort wird heute wieder Gips abgebaut, aber der von außerhalb des Werksgeländes schlecht einsehbare Eingang ist unspektakulär. Gelegentlich fährt ein großer mit Gips beladener LKW aus dem Berg und dann die schmale einspurige Straße durch den Wald hinunter. Die Zahl der Beschäftigten im Stollensystem scheint gering, etwa 15 Fahrzeuge sind am Hang um den Eingang herum geparkt, Arbeitsgeräusche dringen nicht heraus. Eine riesige Röhre führt den Hang herunter, über die Bundesstraße bis zum Neckar, wo an diesem Morgen ein Frachtkahn über die Röhre mit Gips beladen wird, auch dieser Vorgang wird von nur zwei Mitarbeitern gesteuert, die dort unten am Fluss in der Sonne stehen.

Das Grauen vor knapp 80 Jahren könnte kaum ferner sein.

Vom Hauptschuldigen zum Belasteten zum Mitläufer

„Hauptschuldiger“: Die Spruchkammer des Internierungslagers 76 Hohenasperg hat sich mit Zeugen und Eidesstattlichen Erklärungen intensiv auseinandergesetzt, bleibt mit ihrem Spruch vom 30. Juli 1947 aber auf der Linie des Anklägers: Als Generalinspektor für das Kraftfahrzeugwesen war

Werlin Teil der nationalsozialistischen Regierung, als SS-Standartenführer war er ein hochrangiger Vertreter des Nationalsozialismus. Aller Einsatz für Personen in Einzelfällen wird gewürdigt, aber nur für die Zumessung der Sühnemaßnahmen: Statt sechs Jahre Straflager nur dreieinhalb Jahre, aber vollständiger Vermögenseinzug, Verbot beruflicher Tätigkeit in leitenden Funktionen, regelmäßige Sühnezahlungen und weitere Folgen, wie sie für Hauptbelastete vorgesehen sind. Das endgültige Ende einer beruflichen Karriere, ein Stück weit das Ende seiner bürgerlichen Existenz, soweit sich diese auf einen materiellen Wohlstand gründet.

Es dauert ein für Werlin vermutlich quälendes Jahr, bis die Berufungskammer VII der Internierungslager Ludwigsburg am 10. August 1948 neu entscheidet: Der Betroffene ist nur „Belasteter", zwei Jahre Arbeitslager unter Anrechnung der Internierungshaft, 50% Vermögenseinzug, dazu Kostentragung etc. Jakob Werlin war in der Zwischenzeit aus der Internierungshaft entlassen worden.

Diesen Spruch wiederum hob das Ministerium für politische Befreiung Württemberg-Baden auf, dem die Internierungslager unterstanden, vor allem wegen einer anderen Beurteilung der Funktion des Generalinspektors, aber auch wegen weiterer Punkte, wie etwa der Beurteilung des „Goldenen Parteiabzeichens", das Werlin nur wegen seines Geburtstages und seiner Verdienste um das Kraftfahrzeugwesen bekommen habe.

Nun entscheidet die Zentralberufungskammer Ludwigsburg erneut: Der Betroffene ist „Minderbelasteter", keine Lagerhaft, kein Vermögenseinzug, seine Sühne-Wiedergutmachungsleistung beträgt 8.000 DM, außerdem Entscheidungen über die von Werlin zu tragenden Kosten. Die Bewährungsfrist betrug eineinhalb Jahre.

Nach dem Ablauf der Bewährungsfrist wurde Werlin in die Gruppe der Mitläufer eingestuft, eine für die Minderbelasteten gesetzlich vorgesehene Möglichkeit.

Bestens gelaufen für Jakob Werlin? Könnte man denken. Er sah das anders.

Schicksalsschläge

Am 11. September 1948 passiert ein schrecklicher Unfall: In Starnberg überfährt ein amerikanischer Militärlastwagen eine junge Familie. Jakob Werlins Sohn Willi, dessen Frau Barbara Felicitas und ihr kleiner Sohn Christian sterben. Die Fassungslosigkeit der Werlins wird in der Todesanzeige deutlich: „Unsere lieben guten Kinder … Vater, Mutter, Kind … durch einen tragischen Verkehrsunfall in Starnberg jäh aus dem Leben gerissen …“ Für Werlin mag der furchtbare Schicksalsschlag noch zusätzlich eine grausame Ironie bedeutet haben: die Amerikaner, die ihn drei Jahre interniert hatten, waren jetzt auch für den Tod seines Sohnes, seiner Schwiegertochter, seines Enkels verantwortlich.

Die vier Söhne Willi, Fritz, Hans und Otto waren alle im Kriegseinsatz gewesen. Otto hatte einen Lungendurchschuss davongetragen, Fritz wurde in Frankreich verwundet und verlor einen Arm. Willi hatte im Krieg schon 1942 280 „Feindflüge“ absolviert, und Hans war in einem Aufklärungsgeschwader in Nordeuropa, „flog in Spitzbergen herum“, wie Werlin einmal schreibt. Willi und Hans blieben unverletzt, alle hatten überlebt. Eine Bilanz des Krieges für eine deutsche Familie, die in vielen anderen Familien schlimmer war. Der Unfall eine heimtückische verspätete Volte des Schicksals?

Und das war noch nicht das Ende in diesen Jahren: ein weiterer kleiner Enkel starb im Krankenhaus, und seine Frau Eglantine wurde schwer krank.

Jakob Werlin beklagt nicht nur das Schicksal, ihn treiben Geldsorgen um: Nach seinen Angaben hatte die Krankheit seiner Frau alle seine verfügbaren Mittel aufgezehrt, er deutet an, dass der verstorbene Enkel hätte gerettet werden können, wenn er genug Geld für eine gute medizinische Behandlung gehabt hätte. Er müsse für seine 94jährige Mutter sorgen, zwei Söhne seien in der Ausbildung.

Geld und Vermögen werden Ende der vierziger, Anfang der fünfziger Jahre ein ihn ständig bewegendes Thema. Ob zu Recht oder nicht, können wir nachfolgend ein Stück beleuchten.

Geld

Nachdem Werlin als Hauptschuldigem nach dem ersten Spruch kompletter Vermögenseinzug gedroht hatte und die erste Berufungskammer noch den Einzug von 50% seines Vermögens angeordnet hatte, wurde er – wie berichtet – als Minderbelasteter immerhin noch zu einer Sühnezahlung von 8.000 DM verurteilt. 1948 begann daher schon die Property Control, die Vermögenskontrolle, mit der das Vermögen zunächst aufgenommen und dann unter Treuhandschaft gestellt wurde.

In den letzten beiden Jahren seiner Daimler-Benz-Vorstandsmitgliedschaft 1944 und 1945 hatte Jakob Werlin knapp 150.000 Reichsmark Jahreseinkommen gehabt, in den Jahren seit 1933 nach seinen Angaben 20.000 bis 40.000 RM Grundvergütung Jahreseinkommen und eine jährliche Tantieme von etwa 80.000 RM. Schon als Verkaufsleiter bezog er mit einem Jahreseinkommen von 12.000 bis 18.000 RM ein Mehrfaches des Durchschnittseinkommens der Deutschen, als Vorstandsmitglied dann ca. das fünfzigfache des Durchschnittseinkommens im Reich. Wie von ihm mehrfach geäußert und auch von anderen in den Spruchkammern bestätigt, lebte er angesichts dieser Einkommen eher bescheiden und bodenständig. Und er betonte, dass er aus all den anderen Tätigkeiten außerhalb der Daimler-Benz AG keinerlei Verdienst hatte (Volkswagen, Generalinspektor für das Kraftfahrzeugwesen, Herausgeber der Motorzeitschrift), im Gegenteil, die dabei entstandenen Auslagen z.B. für Reisen habe er aus eigener Tasche bezahlt, soweit sie nicht von der Daimler-Benz AG getragen wurden.

Sein Vermögen musste er unter Beteiligung des Finanzamts dokumentieren. Er gibt ca. 93.000 Reichsmark in Form von Bankkonten, Aktien, Lebensversicherungen etc. an, weiterhin ein Haus in Garmisch-Partenkirchen und zwei Häuser in Graz. An der Vollständigkeit der aufgelisteten Immobilien mag man Zweifel haben, immerhin gab es z.B. ein Haus in München, das die Familie 1944 Richtung Seebruck verlassen hat und das danach als vermietet bezeichnet wurde. Überhaupt passen die Einkommen der letzten zwei Jahrzehnte nicht so recht zu dem angegebenen Vermögen – auch gerade unter Berücksichtigung der damals niedrigen Immobilienpreise.

Das sollte uns herzlich egal sein, aber es wirft ein Licht auf Werlin und seine Befindlichkeiten, dass er, wie die Akten beweisen, in einer Mischung aus Gnadenersuchen, Nichtkooperieren und Aufbegehren um alles kämpft, sogar um einzelne Möbelstücke. Der ungarische Bruder seiner Frau etwa gibt zu den Akten, dass alle vorhandenen Möbel von Eglantine 1912 in die Ehe eingebracht worden seien. In dieser Auseinandersetzung geraten sogar die Ämter aneinander: Das zuständige Amt in Traunstein fordert die Gemeinde Seebruck auf, sich künftig der Parteinahme für Werlin zu enthalten.

Mit der Währungsreform wird Werlin einen guten Teil seines Vermögens in Geld, Versicherungen etc. verloren haben, auch hatte er während der Internierungshaft kein Einkommen.

Doch auch dieser Kampf um seine materielle Existenz ist durchaus von Erfolg gekrönt: Stück für Stück gelingt es ihm, die Geldsühne zu reduzieren, bis – nach einer erfolgten Zahlung von 500 DM – die restliche Summe auf 1.850 DM reduziert wird. Die verhängte Vermögenskontrolle (Property Control) wird aufgehoben.

Was er in all der Korrespondenz nicht erwähnt, ist die Tatsache, dass er schon seit dem 1. Januar 1949 eine Pension seines ehemaligen Arbeitgebers Daimler-Benz AG in Höhe von 1.000 DM monatlich erhält, die zum 1. Januar 1950 auf 1.400 DM erhöht wurde – ein Mehrfaches dessen, was etwa ein Beamter im gehobenen Dienst damals bezog.

Dennoch gibt er keine Ruhe. Seine Larmoyanz gipfelt in einem bizarren Schreiben an Bundeskanzler Konrad Adenauer 1953.

Ein Brief an den Bundeskanzler

Am 13. Dezember 1953 schreibt Werlin an Konrad Adenauer. Er schreibt auf einem Briefbogen von Daimler-Benz mit Daimler-Stern und Aufdruck „J. Werlin, München". Den Briefbogen hatte er offenbar noch aus seiner Tätigkeit als Leiter der Niederlassung München, die aber 1945 geendet hatte. Jetzt war er Inhaber einer Mercedes-Vertretung in Rosenheim, war aber kein Angestellter und kein Vorstand des Daimler-Benz-Unternehmens mehr. Die erste von einer Reihe von Halbwahrheiten und Unwahrheiten, die er dem Bundeskanzler unterbreitet.

Er beginnt seinen Brief mit einem Zitat des Bundespräsidenten Theodor Heuss, der in seiner Biografie über Robert Bosch schrieb: „Der Krieg wurde unerbittlicher Gesetzgeber in tausenden von Fragen und Aufgaben, denen sich niemand entziehen konnte."

Damit leitet er zu sich über, informiert über seine Vorstandstätigkeit für die Daimler-Benz AG, über seine Tätigkeit als Generalinspektor des „Führers" für das Kraftfahrzeugwesen. Und jetzt berichtet er in diesem Zusammenhang von der Hauptaufgabe des Generalinspektors, der Errichtung von drei Großreparaturwerkstätten im Osten. In den Auseinandersetzungen vor den Spruchkammern hatte er immer betont, dass er operativ überhaupt keinerlei Aufgaben als Generalinspektor gehabt habe, es sei nur um Information für Hitler gegangen, und selbst die habe praktisch nicht stattgefunden. Aber jetzt schien die Zeit gekommen, wieder auf Leistungen hinzuweisen. Werlin fährt fort mit der Auflistung seiner Tätigkeiten als Leiter der Exportgemeinschaft und sagt dann, er sei der Gründer des Volkswagenwerks gewesen.

Auf diese Weise, fügt er sarkastisch an, habe er die Gewaltherrschaft des Nationalsozialismus gefördert.

Er habe 32 Monate Internierungshaft erlitten, obwohl er nicht „die geringste subjektive politische Belastung" zu verantworten gehabt habe.

Dann nähert er sich dem Kernanliegen seines Schreibens: Er habe durch die Währungsumstellung sein bescheidenes Vermögen verloren (von Grundstücken, Häusern, Anteilen spricht er nicht), er habe seine Stellung verloren, seine Wohnung, seine Möbel, „kurz alles BIS AUF MEINE EHRE". Er werde als Mitläufer noch jetzt mit Pfändungen verfolgt.

Diese Pfändungsversuche sind auch in den Ludwigsburger Akten zu finden, weil Werlin über mehrere Jahre alle Mahnungen und Aufforderungen zur Zahlung seiner von 8.000 DM auf 1.850 DM geminderten Sühne ignoriert. (800 DM hatte er nach seiner Aussage bezahlt, von den Spruchkammerkosten hatte er auch nichts beglichen.)

Er sei durch die Lagerhaft arbeitsunfähig geworden, und er erzählt von dem schrecklichen Unfall, der Sohn, Schwiegertochter und Enkel das Leben gekostet hat.

Er bittet den Bundeskanzler mit unterstrichenem Satz, darauf hinzuwirken, dass ihm die Sühne erlassen wird. Dies sei sein einziger Weihnachtswunsch.

Der Rest des Briefes wird zum politischen Appell an den Bundeskanzler: Die meisten ehemaligen Nationalsozialisten seien gute Deutsche, das habe ja die Wahl Adenauers zum Bundeskanzler gezeigt. „Viele dieser Männer stehen heute restlos auf Ihrer Seite und bewundern ihre einmaligen Leistungen." Dann lobt er nochmal den Bundeskanzler und fordert ihn dann auf, den „letzten Schritt" zu tun und der „unseligen mittelalterlichen Hexenaustreibung" ein Ende zu setzen.

Noch einmal spricht er darüber, wie die „Ehemaligen" heute in der Wirtschaft mitarbeiteten, soweit sie nicht wegen Alters oder „jahrelanger Drangsalierungen" nicht mehr einsatzfähig wären.

Dann kommt der pathetische Schlussakkord:

„... wenn wieder einmal der Ruf ertönen sollte: ALLE MANN AN BORD, dann würden Sie auch jene Männer an Ihrer Seite finden, denen bis heute das bitterste Unrecht ihres Lebens noch nicht gesühnt wurde". Er schließt mit „aufrichtiger Verehrung und Wertschätzung".

Sühne nicht für die Opfer des Nationalsozialismus, nein, das war Hexenaustreibung. Sühne vielmehr für das „bitterste" Unrecht, dass die Parteigenossen nach dem Krieg erlitten hätten. Und: Falls mit Adenauer wieder mal der Krieg bevorstünde, die „Ehemaligen", so die Versicherung, wären an seiner Seite.

Werlins Brief ist geradezu ein Klassiker der 50er-Jahre-Haltung der Davongekommenen: Alle haben nur ihre Pflicht getan, ein Ausweichen war nicht möglich, dennoch werden sie verfolgt, sie sind die Opfer, dem ganzen müsse ein Ende gesetzt werden. Schlussstrich!

So bizarr, verquer und verlogen der Brief heute scheint, so sehr bewegte sich Werlin damit in einem Argumentationsmuster, das in breiten Teilen der Bevölkerung zuhause war.

Adenauer, falls er den Brief überhaupt selbst gelesen hat, hat ihn an die zuständigen Behörden kommentarlos zurückschicken lassen, sonst wäre er nicht in den Ludwigsburger Akten gelandet. Wenn er ihn gelesen hat, wird er nicht empört gewesen sein, hatte er doch im Jahr zuvor ein Ende der Entnazifizierung gefordert. Aber für Bittsteller war er als Bundeskanzler nicht zuständig.

Die Historikerin Cornelia Rauh sieht die Wirkung der Spruchkammern gerade im Hinblick auf die große Zahl der Mitläufer in der „temporären Deklassierung und gesellschaftlichen Demütigung" der Betroffenen, die sie vor aller Welt zu Mitverantwortlichen des nationalen Bankrotts gestempelt habe. Dies ist auch ein Erklärungsansatz für die zu Werlins tatsächlicher Situation gar nicht passende Larmoyanz und die teils ohnmächtige Wut, die Werlins Verhalten vor den Spruchkammern bis hin zu seinem Adenauerbrief prägt.

Das Leben geht weiter, das Leben endet

Der Kreis schließt sich: Mercedes-Benz-Händler „Werlin und Söhne"

Im Juli 1949 sind fünf Personen in einem Mercedes-Benz 170 S unterwegs auf der Autobahn nach München. Das Fahrzeug war in diesem Jahr neu herausgekommen, es handelte sich aber nicht um eine wirkliche technische Neuheit. Der 170 S basierte auf einer Vorkriegskonstruktion aus 1938, von der vor dem Krieg gerade noch 4.000 Stück gebaut werden konnten. Das Design erinnerte an die dreißiger Jahre mit klobigen großen Kotflügeln und einem im Vergleich zur Gesamtgröße des Autos eher kleinen Innenraum. Der Sechszylindermotor im Fahrzeug von 1938 war im 170 S durch einen Vierzylinder ersetzt worden.

Jakob Werlin ist gleichwohl begeistert. Er sitzt am Steuer und duelliert sich auf der linken Spur mit einem amerikanischen PKW und dann mit einem Motorradfahrer. Den Amerikaner kann er abhängen, der Motorradfahrer fährt ihm davon. Der 170 S schafft konstante 120 km/h Spitze, er ist komfortabel gefedert.

Aber es gibt ja nicht nur Autobahnen, und so steuert Werlin alte Gefilde mit eher schwieriger Routenführung an und fährt auf den Obersalzberg. Auch hier auf der von ihm dutzende Male gefahrenen Strecke ist Werlin hochzufrieden, jagt den Wagen durch die Kurven. Vielleicht denkt er an seine Aufenthalte dort oben nur wenige Jahre zuvor, aber wahrscheinlich fachsimpelt er mit den anderen Mitfahrern über das Fahrverhalten des Autos.

Offenbar haben er und seine Begleiter das Fahrzeug von Daimler-Benz als Testfahrzeug bekommen, und Werlin schreibt einen wieder sehr fachmännischen Bericht, in dem er das Auto lobt, aber auch auf Schwachstellen hinweist.

Das Modell 170 S wird eines der Symbole des beginnenden Wirtschaftswunders der Bundesrepublik werden.

Die Fahrt zeigt uns: Daimler-Benz hat sein früheres Vorstandsmitglied nicht vergessen. Er bezieht nicht nur eine hohe monatliche Pension, er kann auch dieses Fahrzeug ausleihen, und sein Bericht wird zur Kenntnis genommen.

Aber Angestellter von Daimler-Benz oder gar Mitglied des Vorstands wird er nicht mehr. Zu prominent waren wohl seine Beziehungen zu Hitler, seine Funktionen als Generalinspektor, als dass er wie viele andere nach Durchlauf der Entnazifizierung wieder still, wenn auch nicht heimlich wieder in die alte Position einrücken konnte. Seine eigenartige, larmoyante Gefühlslage nach der Internierung wird auch damit zusammenhängen.

Aber ganz abgeschrieben wird er nicht von seinem früheren Unternehmen. Er bekommt die Chance, eine Mercedes-Benz-Vertretung in Rosenheim zu eröffnen. Wieviel Geld er dabei vorstrecken musste, wissen wir nicht, aber dort wird einer der Gründe dafür zu sehen sein, dass er in den späten vierziger und frühen fünfziger Jahren ständig um Geld kämpft, seine Buße nicht bezahlt und Adenauer noch 1953 mit dem Wunsch auf Erlass seiner stark geschrumpften Sühnezahlung konfrontiert. Als Leiter der Vertretung ist er kein Angestellter wie früher in der Verkaufsniederlassung München, er ist selbständiger Unternehmer, muss die Vertretung vorfinanzieren und profitabel führen.

Das gelingt: Die Mercedes-Benz-Vertretung „Werlin und Söhne“ in Rosenheim, nicht allzu weit von Werlins Wohnort Seebruck, wird ein Erfolg, und schon 1955 kann Werlin eine weitere Vertretung in Traunstein eröffnen, zunächst als Zweigbetrieb von Rosenheim.

Werlin bleibt weiter engagiert nicht nur für seine Vertretungen, sondern auch für das Unternehmen und die Automobilgeschichte. Ein Foto zeigt ihn auf einem Benz-Dreirad von 1886 bzw. einer Replika dieses ersten Automobils in einem Park. Und Anfang der fünfziger Jahre ist es Jakob Werlin, der dem Mercedes-Benz-Museum den einzigen erhaltenen Sportroadster Mercedes-Benz 150 (W 30) mit Baujahr 1936 vermittelt. Der Sportroadster 150, 1934 vorgestellt, ist ein schnittiges Mittelmotorfahrzeug, wurde höchstens 20-mal gebaut, vielleicht sogar nur fünfmal. So war es Werlin, der dem Museum zu einem seiner seltensten und auch wertvollsten Exemplare verhalf.

Alte Kameraden

Zu den Büchern, die leicht zu lesen sind, dann aber im Nachhinein einen zunehmend schalen Geschmack hinterlassen, gehören die Memoiren der angestellten Entourage Hitlers, das heißt der Sekretärinnen, Leibwächter, Fahrer, persönlichen Adjutanten. Natürlich haben sie alle nichts gewusst von den Menschheitsverbrechen. Über Politik wurde angeblich kaum jemals gesprochen, und fast alle schildern Hitler als einen sehr angenehmen

Arbeitgeber und Chef, für den sie Freizeit, Privatleben, alles opferten, gerne und freudig. Nach dem Krieg vermarkten sie ihre Nähe zu Hitler gezielt oder werden durch andere dazu gebracht.

Einem „Leibwächter“, Rochus Misch, verdanken wir noch einen Splitter zu unserer Geschichte über Jakob Werlin, ein Detail, das wieder zeigt, dass viele Netzwerke den Krieg überdauert hatten.

Rochus Misch schildert in seinem Buch „Der letzte Zeuge“, wie seine Tätigkeit für Hitler über Jahre weitgehend im Nichtstun bestand, wobei er in Berlin auch die Funktion des Telefonisten z.B. im Führerbunker innehatte. Er erzählt stolz, dass er es nach dem Attentat am 20. Juli 1944 schaffte, den Telefonkontakt zwischen Goebbels in Berlin und Hitler in der teilweise zerstörten „Wolfsschanze“ wiederherzustellen.

Später im Buch schildert Rochus Misch seine Probleme, nach dem Krieg und seiner langen Gefangenschaft in der Sowjetunion wieder beruflich Fuß zu fassen in Deutschland. In dieser Zeit gelang es ihm, Erich Kempka, Hitlers ehemaligen Fahrer, ausfindig zu machen. Der lebte in Freiberg am Neckar und arbeitete als Testfahrer bei Porsche. Obwohl auch Rochus Misch nach eigenen Angaben Anteil daran hatte, dass Kempka 1944 seine Ehefrau verstoßen musste, weil sie wegen „losen Mundwerks“ und Halbweltvergangenheit bei Hitler und Bormann in Ungnade gefallen war, trafen sich die zwei „Kameraden“ Mitte der fünfziger Jahre wieder. Kempka hatte dann auch gleich einen hilfreichen Kontakt für Misch parat: Jakob Werlin. Man kannte sich, und kurz darauf empfing Werlin ihn in seiner Sechszimmerwohnung in München (so die Angabe Rochus Misch) und bot ihm nicht nur an, zur Übernachtung zu bleiben – Werlin selbst fuhr am gleichen Tag noch nach Italien –, sondern er trug ihm auch eine Stelle als Fahrer an.

Rochus Misch konnte das Angebot zu seinem Bedauern nicht annehmen, seine Frau war nicht bereit, Berlin zu verlassen. Gerda Misch, Ehefrau eines der getreuesten der Getreuen, war Lehrerin und SPD-Bezirksverordnete in Berlin-Neukölln.

Ein Grabstein mit dem ersten Automobil

Noch in den fünfziger und sechziger Jahren war Jakob Werlin in der automobilen Szene ein Begriff:

1953 vermeldet die ADAC-Motorwelt das fünfzigjährige Berufsjubiläum Jakob Werlins.

Waldfriedhof Traunstein.

1961 gratuliert ihm die Automobilzeitschrift Auto, Motor und Sport zum 75. Geburtstag.

1966 erscheint ein Artikel in der schweizerischen Automobilrundschau über die Mercedes-Kompressor-Fahrzeuge der zwanziger Jahre. Der Verfasser Erwin Tragatsch beschreibt, wie aus der ehemaligen Firma Benz & Cie. hervorragende Mitarbeiter in die neugegründete Daimler-Benz integriert wurden, darunter die Ingenieure Nallinger (Vater und Sohn), der Ingenieur Nibel und eben auch Jakob Werlin.

Niemand problematisierte seine Rolle im „Tausendjährigen Reich“.

1965 meldete Auto, Motor und Sport den Tod Jakob Werlins.

Er stirbt am 23. September 1965 in Salzburg im Alter von 79 Jahren. Sein Grab, das auch ein Familiengrab ist, liegt an einer Wegkreuzung im Waldfriedhof Traunstein. Zwei eiserne Wappen auf dem Grabstein sind durch ein eisernes Band verbunden mit der Inschrift: „Liebe verbindet“. Unterhalb dieses Bandes ist in den Grabstein das Benz Dreirad aus 1886 graviert, schön und detailliert. Neben Jakob Werlin ruhen dort auch Eglantine, die 1977 starb, sowie Hans Werlin und zwei weitere Familienmitglieder.

Zitat aus der Todesanzeige der Familie für Jakob Werlin: „Sein Leben war voll menschlicher Güte und persönlicher Bescheidenheit.“

Und auch die Daimler-Benz AG veröffentlicht parallel dazu eine Todesanzeige: „Wir verlieren mit dem Heimgegangenen einen geschätzten Kollegen und aufrichtigen Freund.“

Abspann – Das Schicksal der Wegbegleiter

Werlins ehemaliger Arbeitgeber bei Hansa-Lloyd und Gegenspieler im Reichsverband der Deutschen Automobilindustrie, **Robert Allmers**, zog sich 1943 aus Berlin zurück auf seine Burg Thurant an der Mosel. Die wurde im März 1945 von den Amerikanern beschossen und teilweise zerstört, Allmers wurde verhaftet, bald aber wieder entlassen. Er starb 1951 in Koblenz.

Friderica Derra de Moroda wohnte nach dem Krieg in Salzburg-Parsch in der von ihrer Schwester geerbten Villa Schmederer, nachdem sie aus der Internierung von den Amerikanern befreit wurde. Ihr Haus in London war von deutschen Bomben zerstört worden. In Parsch leitete sie eine Tanzschule, trieb ihre Tanzforschungen und ihre Sammlung voran. Sie bekam einen Professorentitel, einen Doktor honoris causa und weitere Ehrungen. Ihr Engagement für das KdF-Ballett sah Derra de Moroda zu keinem Zeitpunkt als Problem. Hochangesehen starb sie 1978 mit 81 Jahren.

Und alte Verbindungen lebten weiter: **Bodo Lafferentz**, der Kulturbeauftragte der DAF und Volkswagen-Geschäftsführer, heiratete Verena Wagner, eine Enkelin Richard Wagners, und blieb in der Bundesrepublik weiter in Kontakt mit Derra de Moroda.

Der zeitweilige Todeskandidat **Eugen Hubing** betrieb nach dem Krieg in der Nähe von Stuttgart eine LKW-Werkstatt.

Els Voelter traf, anders als viele andere Belastete, die volle Härte der „Entnazifizierung". 1945 interniert und in einem Frauenlager in Ludwigsburg mit KZ-Wärterinnen und Gestapo-Agentinnen untergebracht, gelang es ihr in den Spruchkammerverfahren, von einer „Hauptschuldigen" zu einer „Belasteten" heruntergestuft zu werden. Das aufrecht erhaltene Berufsverbot, kompletter Vermögenseinzug, auch von künftig erst erfolgenden Erbschaften, führten dazu, dass sie von ihrer Entlassung aus der Internierung bis zu ihrem Tod 1977 völlig verarmt und verschuldet blieb. Im Vergleich zu vielen anderen Unternehmern, die von Arisierungen profitierten und genauso wie Voelter Parteimitglieder und „Überzeugte" waren, bildete sie als Frau, als bekannte fanatische Hitleranhängerin „in der Nachkriegsgesellschaft eine ideale Projektionsfläche kollektiver Schuldabwehr" (Cornelia Rauh, Els Voelter – „Herzlichst, Heil Hitler").

Unity Mitford ging am 3. September 1939 spätnachmittags in den Englischen Garten in München. Am 1. September hatte Deutschland Polen überfallen. Am 3. September um 11.00 Uhr hatte England nach Ablauf eines Ultimatums Deutschland den Krieg erklärt. Passanten im Englischen Garten hörten einen Schuss, Unity Mitford sank zu Boden, blutete, eine Pistole lag neben ihr. Ein augenscheinlicher Selbstmordversuch, und vielleicht war das auch so. Allerdings wurde sie in Deutschland von der Gestapo und sonstigen Sicherheitsdiensten ständig überwacht, was auch andere Theorien nahelegt. Schwer verletzt wird sie Anfang Januar 1940 unter größter Aufmerksamkeit der englischen Medien und sogar der Royal Air Force zurück nach England transportiert. Es gibt Diskussionen im Unterhaus. Unity wird nicht von der Justiz belangt, was viele Engländer empört. Mit ihrer Mutter zieht sie auf eine kleine Hebrideninsel und wird dort von ihr gepflegt. 1948 stirbt Unity Mitford an den Spätfolgen ihrer Verletzung mit 33 Jahren. Ihr Zimmer war auch zum Schluss noch mit Hitler-Fotos geschmückt.

Tom Mitford, der beim „Tea" im House of Lords für Werlin übersetzte und ihn „delightful" fand, kämpfte 1942 bis 1944 in Afrika und Italien. Weil er Sorge hat, im Endstadium des Krieges gegen Deutschland auf deutsche Freunde schießen zu müssen, meldet er sich für einen Einsatz in Burma. 1945 wird er im Kampf gegen die Japaner schwer verletzt und stirbt sechs Tage später.

Ferry Porsche wurde im Juli 1945 von den Amerikanern in Salzburg festgenommen, kurze Zeit später sein Vater **Ferdinand Porsche**, beide kamen aber schnell wieder frei. Auf Einladung französischer Stellen, die Porsches Mithilfe bei französischen Autoprojekten anstrebten, reisten beide nach Baden-Baden, wurden dort aber jetzt von französischer Seite festgenommen – ein Kapitel konkurrierender staatlicher Organisationen in Frankreich. Obwohl er aus der Haft heraus bei Renault zu einem Einsatz als Berater kam, wurde der Zweiundsiebzigjährige 1947 nach Dijon in ein Gefängnis mit sehr harten Haftbedingungen eingeliefert. Ferry Porsche dagegen war nur in kurzer komfortabler Internierung in Baden-Baden und konnte schon bald am Projekt Porsche 356 arbeiten, von dem die ersten Modelle in Gmünd und Salzburg entstanden. Später wurde dann die Produktion in Zuffenhausen aufgenommen. Ferdinand Porsche, von der Haft gezeichnet, starb am 30. Januar 1951 mit 75 Jahren.

Am 28. Januar 1938 fährt Rudolf Caracciola mit seinem Mercedes-Rennwagen auf der Autobahn zwischen Frankfurt und Darmstadt einen Weltrekord über den fliegenden Kilometer von über 432 km/h. Im ewigen Duell der beiden Marken steigt später am Tag **Bernd Rosemeyer** in seinen Auto Union. Caracciola warnt ihn vor Windböen, aber Rosemeyer fährt, eine Zwischenmessung zeigt über 429 km/h. Sekunden später gerät der Wagen auf den Seitenstreifen, überschlägt sich mehrere Male. Rosemeyer ist sofort tot. Seine Frau **Elly Beinhorn** überlebt ihren Mann um viele Jahre, schreibt unter anderem ein Buch über ihn, bekommt 1991 das Bundesverdienstkreuz und stirbt 2007 im Alter von 100 Jahren.

Eduard Schulte ging 1945 kurz als Berater der amerikanischen Militärregierung nach Berlin, kam dort aber nicht richtig zum Zuge, zog wieder in die Schweiz, heiratete seine Geliebte und starb von der Geschichte vergessen 1966 mit 75 Jahren.

Heinrich Nabholz Autoreifen GmbH wurde von **Walter Nabholz**, seinem Vater und seinem Bruder weiter ausgebaut, es entstanden Filialen in vielen Städten. Nabholz hatte geschäftliche Verbindungen bis in die USA, aber er wurde – nach seiner Aussage – von seinem Vater und vor allem seinem Bruder betrogen und ausgebootet. Er überwarf sich auch mit seinen Kindern und seinen Schwestern und lebte bis zu seinem Tod 2004 mit seiner zweiten Frau am Ammersee.

Werlins Vorstandskollegen **Wilhelm Haspel** und **Karl Christian Müller** wurden auf Veranlassung der Amerikaner 1945 aus dem Vorstand der Daimler-Benz AG entlassen, mussten wie Werlin Spruchkammerverfahren überstehen, kehrten aber schon 1948 wieder in den Vorstand der Daimler-Benz AG zurück. Haspel starb als Vorstandsvorsitzender 1952, K. C. Müller wurde 1955 pensioniert, bekam das Bundesverdienstkreuz erster Klasse und wurde Ehrensenator der Universität Stuttgart.

Epilog

Wir können uns der Person Jakob Werlin nur verstehend nähern – was nicht zustimmend nähern heißt – im Gesamtzusammenhang des politischen, gesellschaftlichen und wirtschaftlichen Lebens. Deshalb können wir auch bei Werlin nicht der Frage ausweichen, welche Rolle die Unternehmen im Nationalsozialismus gespielt haben, speziell sein Unternehmen Daimler-Benz AG.

Als in den achtziger Jahren die Aufarbeitung der Unternehmensgeschichten im Nationalsozialismus Fahrt aufnahm, durch kritische Historiker, durch Auftragsarbeiten, aber auch durch Unternehmensmitarbeiter wie den Untertürkheimer Maschinenschlosser Helmuth Bauer, einem Mitglied der „Plakat-Gruppe", einer linksalternativen Opposition zur IG-Metall und den von der IG Metall dominierten Betriebsräten, da war die Frontstellung zwischen den Beteiligten sehr schnell deutlich. Es gab zwei Positionen: Die einen sahen einen Primat der Politik im Nationalsozialismus. Die Unternehmen hätten ihre Bedingungen von der Politik gesetzt bekommen, hätten sich nur „arrangieren" können in der Gesamtdynamik und Dominanz des nationalsozialistischen Staates. Auf der anderen Seite standen diejenigen, die einen klaren Primat der unternehmerischen Wirtschaft konstatierten, bis hin zu Analysen, die Hitler und die NSDAP in vulgärmarxistischer Deutung als Marionetten „des Kapitals" sahen, das mit den Nationalsozialisten die Voraussetzungen für eine profitable Rüstungswirtschaft, für eine von Gewerkschaftsrechten „befreite" und abhängige Arbeiterschaft schuf.

Zu Daimler-Benz entstanden Mitte der achtziger Jahre gleich eine Reihe von Darstellungen der Unternehmensgeschichte, aber zwei davon belegen die beiden gegensätzlichen Positionen (Primat der Politik, Primat der Wirtschaft) ganz exemplarisch: Die vom Unternehmen bei der Gesellschaft für Unternehmensgeschichte in Auftrag gegebene Dokumentation der Daimler-Benz Geschichte von 1933–1945 (Pohl, Habeth, Brüninghaus) bescheinigte zwar dem Unternehmen, dass es sich schnell arrangiert hat, auch die Möglichkeiten der Rüstungsproduktion nutzte, aber letztlich der politischen Großwetterlage ausgesetzt war und nur eingeschränkten Gestaltungs- und Entscheidungsraum hatte, sich aber nach Möglichkeit von der nationalsozialistischen Politik fernhielt.

Diesen „Primat der Politik“ weisen die Verfasser des „Daimler-Benz Buch“ des Hamburger Instituts für Sozialgeschichte zurück, vielmehr zeige die (über viele hundert Seiten detailreich aufgearbeitete) Geschichte des Unternehmens, dass die sich nach außen mit Luxusautos schmückende Automobilfirma seit dem ersten Weltkrieg bruchlos ihren eigentlichen Fokus auf die Rüstungsproduktion nie verloren habe, dass sie zu einer „Filiale“ der Deutschen Bank degeneriert sei, die strategisch und langfristig die Rüstungsfirma Daimler-Benz durch die ökonomisch schwierigen zwanziger Jahre zog. Eine Firma, die dann mit Aufstieg der Nationalsozialisten entfesselt die Arbeitskraft ihrer Mitarbeiter ausbeuten konnte bis hin zu Zwangsarbeit und „Vernichtung durch Arbeit“ von Kriegsgefangenen und KZ-Insassen. Die Wirtschaft (Banken, produzierende Unternehmen), die auf „ihren“ Krieg hingearbeitet habe, die Nationalsozialisten als nützliche Idioten der Wirtschaft. Klares Ergebnis: Primat der Wirtschaft.

Das soweit vereinfachend – und beiden Darstellungen in dieser Kürze und Pauschalität nicht ganz gerecht werdend. Neben diesen und den späteren wichtigen Darstellungen (insbesondere Bernard P. Bellon, Mercedes in Peace and War, Neil Gregor, Stern und Hakenkreuz) gibt es inzwischen schon historische Meta-Forschung über diesen Aufbruch großer Firmen in die Unternehmensgeschichte und die in diesem Zusammenhang wieder massiv aufgekommene Frage nach Entschädigungen für die Zwangsarbeiter, die in den achtziger Jahren in nicht unbeträchtlicher Zahl noch lebten und auch als Zeitzeugen zu den Unternehmensgeschichten beitrugen.

Was hat das mit Jakob Werlin zu tun? Im „Daimler-Benz Buch“ wird er vielfach erwähnt, wird als smart und wendig geschildert, in der Funktion, die er ja auch 1933 bekommen hatte, nämlich den Zugang des Unternehmens zur neuen politischen Elite zu gewährleisten, aber auch in Einzelaufträgen und -aktivitäten, siehe z.B. „Goldfisch“. Auch in der Dokumentation der Gesellschaft für Unternehmensgeschichte sind ihm als Mitglied des Vorstands einige Seiten gewidmet, in denen auch – aus Sicht des Verfassers dieser Biografie etwas verfehlt – darüber nachgedacht wird, ob Werlin und auch Kissel jetzt wirkliche, innerlich überzeugte Nationalsozialisten waren oder nicht. Letztlich geht es wohl eher darum, wie sie gehandelt haben, welche Handlungsoptionen sie in ihrer Tätigkeit und ihrer gesellschaftlichen Stellung hatten und wie sie sie genutzt haben.

Zur Frage der Optionen gehört die Tatsache, dass Werlin, wenn auch im Rang eines Vorstandsmitglieds, ein Unternehmensangehöriger war. Seine primäre Aufgabe wie auch die seiner Vorstandskollegen war die Erhaltung des Unternehmens. Ein Unternehmen ist keine politische demokratisch organisierte Veranstaltung, es ist – auch wenn die Nutzung und Entwicklung des eigenständigen kreativen und fachmännischen Potentials der Mitarbeiter unverzichtbar ist – eine Organisation mit vertikaler Struktur, in deren Rahmen es die Bindung an Weisungen von oben gibt. Es ist keine per se permanent reflektierende, gar moralisierende, Institution. Als Vorstandsmitglied war Werlin nicht weisungsgebunden, aber er hatte seine Aufträge, z.B. in vertrieblichen Angelegenheiten, auch in der Frage des Zugangs zur Macht, und diese Aufträge wollte er gut und erfolgreich erledigen. Und diese Aufträge waren spätestens seit Kriegsbeginn ausschließlich rüstungsbezogene Themen. Ohne Rüstung wäre Daimler-Benz als Unternehmen nach 1939 untergegangen – ein Befund, der für viele Unternehmen gilt. Selbst die Firma des Nazigegners Robert Bosch produzierte für die Rüstung, beschäftigte Zwangsarbeiter.

Aber wie weit durfte das gehen? Wo waren die „Roten Linien" für den Pragmatismus im „Dritten Reich", im Kriegsalltag?

Trotz aller Einbindung durch politischen Druck, durch Arbeitsvertrag und Unternehmensstruktur, gab es auch im Nationalsozialismus immer wieder alternative Handlungsmöglichkeiten.

Wie wir aus den Prozessen um die Aufarbeitung der Naziverbrechen wissen: ein KZ-Wachmann konnte kündigen, sich versetzen lassen. Ohne Sanktion. Ein Mitglied der berüchtigten Einsatzgruppen in den besetzten Gebieten konnte die Teilnahme an Erschießungen ablehnen, die Folge war soziale Ächtung durch seine Kameraden, aber keine Gefahr für Leib und Leben. Und selbst einigen vom deutschen Militär besetzten Staaten gelang es ganz oder teilweise, die Forderung nach Deportation ihrer Juden, Sinti und Roma zu unterlaufen und zu verhindern.

Natürlich dürfen wir darüber nachdenken, wo wir – unterhalb der Stufe des Heldentums – aus heutiger Sicht Möglichkeiten sehen, dass man es hätte anders machen können. Musste man wirklich Zwangsarbeiter und KZ-Gefangene beschäftigen? Und wenn sie da waren: Hätten die Unternehmen nicht für anständige Lebens- und Arbeitsbedingungen sorgen oder wenigstens eine Anstrengung in diese Richtung unternehmen können, statt alles das der SS zu überlassen? Werlin hat im Spruchkammerverfahren vorgetragen, sich für die Arbeiter in „Werlin I" in Minsk eingesetzt und Mäntel für sie organisiert zu haben, auch Weihnachtsgeschenke. Aber bei der letzten Besichtigung von „Goldfisch" in 1945 war auch ihm offensichtlich der Film für Hitler wichtiger als genauer hinzuschauen, wie es den kranken und zermürbten Maschinenarbeitern ging, wie sie behandelt wurden, wie sie starben. Aber damit war er eben nicht allein. Die anderen Manager verhielten sich nicht anders, auch der Daimler-Vorstandsvorsitzende Haspel mit seiner „halbjüdischen" Ehefrau wurde nicht etwa zum Retter der jüdischen KZ-Häftlinge, im Gegenteil: Die Kriegsproduktion mit allen Härten und Wahnsinnsinitiativen nahm unter seiner Regie noch an Fahrt auf.

Allerdings zeigte sich sogar in diesen „Endzeitphasen", dass ein Unternehmen durchaus ausscheren konnte. Dafür, dass die für die Wehrmacht geforderte Produktion des Opel-Dreitonners im Daimler-Benz-Werk Mannheim immer wieder verzögert und verschludert wurde, weil man diese Produktion einfach nicht wollte, wurde kein Direktor von Daimler-Benz haftbar gemacht, kein Volksgerichtshof verurteilte sie wegen Sabotage oder ähnlichem. Aber ein Zwangsarbeiter im Werk Mannheim, der sein Werkstück falsch gemessen hatte, wurde dann schon mal zum Tode verurteilt – und unter Anwesenheit seines Meisters aufgehängt.

Werlin hat, wie wir gesehen haben, einige Menschen vor dem Zugriff der Nationalsozialisten geschützt und gerettet, hat höchstwahrscheinlich sogar die Alliierten bewusst mit Informationen versorgt. Aber mit seiner Freundschaft zu Hitler, seiner umfassenden Umarmung des Nationalsozialismus bis in die antisemitische Sprache hinein, mit seiner Funktion als Generalinspektor des „Führers", mit seinen Aufgaben im Vorstand hat er auch die nationalsozialistische Neuordnung bis hin zum Anzetteln des Krieges mit all den damit verbundenen Verbrechen gefördert. Wenn er wirklich seine späteren Einlassungen des im Grunde unpolitischen automobilen Fachmannes geglaubt hat, der sich um Mobilität, den Rennsport, das Automobilunternehmen Daimler-Benz gekümmert hat, aber nicht um „Politik", dann war es eine der typischen Lebenslügen und der typischen Verteidigungsmuster – ein Muster, das selbst Angeklagte im Nürnberger Prozess wie Albert Speer bemühten und damit sogar ein Stück weit davonkamen.

Die Beschäftigung mit der Geschichte kann keine Gerichtsverhandlung sein. Auch wenn wir die letzte Ernst-Heinkel-Straße und Ferdinand-Porsche-Straße umbenannt haben, können wir nicht moralisch aufatmen, denn ungeschehen macht dies nichts. Und es wird vielen Akteuren in ihrer Vielschichtigkeit nicht gerecht. Dass der SS-Offizier und spätere Daimler-Benz-Vorstand Hans-Martin Schleyer mit dem Buchenwaldinsassen und IG-Metall-Chef Willi Bleicher ein robustes Stück Sozialgeschichte der Metallindustrie geschrieben hat, ist eine Erfolgsstory, kein Anlass zur Empörung. Daran ändert Schleyers vorheriges zu verurteilendes Engagement bei „Arisierungen“ in Prag nichts.

Die Entscheider in der Endphase des Krieges bei Daimler-Benz haben es geschafft, das Unternehmen Daimler-Benz in die neue Zeit hinüberzuretten. Den Preis dafür haben in hohem Maß die Zwangsarbeiter gezahlt. Mit ihrer Gesundheit, mit ihrem Leben. Und so mögen einige den Wiederaufstieg des Unternehmens als Skandal ansehen, aber der Wiederaufstieg war der Beginn einer neuen Erfolgsgeschichte, die hunderttausenden von Menschen Arbeit gab und gibt, die Teil des wirtschaftlichen Erfolges des Südwestens ist. Sie war und ist auch eine sozialpolitische Erfolgsgeschichte, in der die Arbeitnehmervertreter bis heute eine große und in Verantwortung ausgeübte Rolle spielen, genauso wie ihre Gesprächs- und Verhandlungspartner auf der Unternehmensseite. Das zu konstatieren entschuldigt nichts, verharmlost nichts, was zwischen 1933 und 1945 bei Daimler-Benz und in ganz Deutschland geschehen ist – aber es zeigt, dass Geschichte nicht in geradlinigen schubladengerechten Einheiten zu bekommen ist.

Das Unternehmen Daimler-Benz und seine Repräsentanten haben in einem schwierigen Diskussionsprozess in den achtziger Jahren verstanden, dass sie den Beitrag des Unternehmens im Dritten Reich nicht mehr länger durch Verschweigen negieren konnten, auch wenn die geforderte Transparenz dann nur holprig hergestellt wurde. Der damalige Personalvorstand und spätere Finanzvorstand Manfred Gentz hat für die gesamte deutsche Wirtschaft ein Zeichen gegeben durch sein Engagement für die Stiftung „Erinnerung, Verantwortung, Zukunft“, mit der hohe Summen für die Entschädigung der Zwangsarbeiter zur Verfügung gestellt wurden. Nicht nur Geld wurde gesammelt und ausgezahlt, es gab auch viele persönliche Einladungen an überlebende Zwangsarbeiterinnen und Zwangsarbeiter, nicht für die Imagepflege, sondern sehr persönlich, wertschätzend und würdig. Auch wurden engagierte Forschungsarbeiten ermöglicht und unterstützt, die noch wenige Jahre zuvor als feindlicher Angriff gewertet worden wären. All das war spät, zu spät für die verstorbenen und sehr spät für die noch lebenden ehemaligen Zwangsarbeiter, aber das Unternehmen hat gehandelt. Nichts ist dadurch ungeschehen gemacht worden, aber Daimler-Benz hat Haltung und Verantwortung gezeigt.

Geschichtliche Darstellungen können nicht abschließend urteilen. Sie können beschreiben, einordnen, überraschen. Das Nachdenken, Bewerten, Schlüsse ziehen – das ist auch die Aufgabe des Lesers, des Bürgers, für sich wie für die ganze Gesellschaft.

Die eigentliche „Arbeit“ muss ohnehin im Jetzt passieren. Einsatz für Demokratie, Freiheit, Würde, Menschenrechte, eine soziale Gesellschaft. Der Blick zurück schärft den Blick im Jetzt, nicht mehr, nicht weniger.

Archive, Recherche und Dank

- Staatsarchiv Ludwigsburg
- Staatsarchiv München
- Institut für Zeitgeschichte München
- Wirtschaftsarchiv Baden-Württemberg Stuttgart-Hohenheim
- Stadtarchiv Traunstein
- Stadtarchiv Graz
- Bundesarchiv Berlin
- National Archives Washington
- Mercedes-Benz Unternehmensarchiv Fellbach

Das Mercedes-Benz-Unternehmensarchiv hat dem Autor seine Tür für einen einzigen Tag geöffnet und die Einsicht in das Werlin-Konvolut, im Kern eine private Handablage Werlins mit einem halben Dutzend Aktenordnern, für diesen Moment gestattet. Alle weiteren Recherchewünsche zu weiteren Beständen, die umfangreiche Korrespondenz mit Werlin, Protokolle u.a. enthalten, wurden ohne jede Differenzierung abschlägig beschieden. Das riesige Bildarchiv blieb verschlossen. Diese Abkehr von der bei vielen vorangegangenen Projekten gepflegten Offenheit befremdet. Die bisher veröffentlichten Werke zur Unternehmensgeschichte Daimler-Benz, aber auch die Werke zur Geschichte von Volkswagen und Porsche, für die ab Mitte der achtziger Jahre umfangreiche Studien im Unternehmensarchiv möglich waren, waren auch eine Quelle für Zitate und Dokumente zur Geschichte Jakob Werlins. Sie konnten eine eigene Recherche nicht ersetzen, aber zumindest einige Lücken füllen. Bedauerlich ist, dass selbst Werlins eigene Autobiografie („Ein Leben für das Auto", Typoskript 1964), die er dem Mercedes-Benz-Archiv für die Nachwelt überlassen hat, für dieses Projekt und den Autor – anders als vorher für mehrere Bearbeiter von Abhandlungen und Artikeln über Volkswagen und Porsche – für „gesperrt" erklärt und Einsicht verweigert wurde.

Zu den erschienenen Untersuchungen zur Unternehmensgeschichte s.u. die Anmerkungen zum Abschnitt *Direktor Jakob Werlin – Mitglied des Vorstands der Daimler-Benz AG.*

Danken möchte ich den Mitarbeitern der oben genannten Archive, die mir Einsicht ermöglicht haben oder mir Unterlagen übersandten. Danken möchte ich weiter Frau Simone Chiquet vom Schweizerischen Bundesarchiv in Bern, die, einer Vermutung von mir folgend, nach Spuren von Werlins Aufenthalten in Zürich für mich gesucht hat. Diese Spuren fanden sich nicht, aber dafür habe ich einen wichtigen weiterführenden Hinweis von ihr bekommen.

Für ein Telefonat danke ich der Mitautorin der vom Unternehmen beauftragten Studie von Pohl et. al. Frau Stephanie Habeth-Allhorn, insbesondere auch zu ihren Eindrücken aus dem dort zitierten Gespräch mit den Söhnen Hans und Otto Werlin.

Mein Dank gilt auch Frau Sybille Dahms, die mir in einem ausführlichen Telefonat hochinteressante Einsichten zu der ihr noch gut bekannten Friderica Derra de Moroda vermittelte.

Und ein großer Dank geht an Herrn Prof. Robert Breitman, einem der beiden Autoren des aufrüttelnden Buchs über Eduard Schulte, dem Whistleblower des Holocausts.

Schließlich danke ich meinen Erstlesern und Freunden Friedrich Caron und Dieter Rahn für Anregungen, Korrekturen, Hinweise und Diskussionen – und die viele Zeit und Mühe, die sie für mein Projekt aufgewendet haben.

Last but not least danke ich Herrn Dr. W. Georg Olms und Herrn Dietrich Olms dafür, dass sie diese Biographie in ihr Verlagsprogramm aufgenommen haben, und ihren Mitarbeitern und Beauftragten, die dieses Buch so kompetent und zügig realisiert haben.

Anmerkungen

Frühe Jahre

Graz

Tagespost zitiert nach Gerhard M. Dienes, Von der Postkutsche zur „rush hour“, in Walter Brunner (Hrsg.), Geschichte der Stadt Graz, Band 2: Wirtschaft, Gesellschaft, Alltag, S. 357 ff. (S. 374). Zur Grazer Industrie Franz Jäger, Wirtschaftsgeschichte 1800 bis 2000, ebenda S. 159 ff.

Angestellter bei Johann Puch

Zu Johann Puch und seinen Unternehmen und Produkten s. Hans Seper, 100 Jahre Steyr-Daimler-Puch AG 1864 - 1964, S. 40 ff. sowie Christian Hinteregger, Helmut Antensteiner, Steyr-Daimler-Puch AG, Historie der ehemaligen Gründerfirmen in Mitteleuropa Imperiale Zeit 1864–1918, S. 150 ff.

Jakob Werlins Artikel erschien unter dem Titel Jakob Werlin. Erinnerungen an meine Grazer Zeit in der (Grazer) Tagespost (87. Jahrgang) am 28.01.1942.

Motorrad-Racer Jakob Werlin

Martin Pfundner, Vom Semmering zum Grand Prix. Der Automobilsport in Österreich und seine Geschichte, S. 101, 126–128

Zu den Puch Motorrädern Friedrich F. Ehn, Das große Puch-Buch. Die Puch-Zweiradproduktion von 1890–1987.

Zeitungsartikel über das Bergrennen auf die Ries und die Tatra-Adria-Fahrten sowie die Karpatenfahrt in der Automobil-Revue 1909, 1913 und 1914, digitalisiert auf der Online-Plattform zwischengas.com.

Ein Automobilfachmann in der Bayerischen Armee

Ancestry, Kriegsranglisten und -stammrollen des Königreichs Bayern, 1. Weltkrieg 1914–1918, Jakob Werlin

Werlins Erkenntnisse „Kriegserfahrungen im Automobilismus“ in Automobil-Revue 10/1916, S. 76 f. (digitalisiert auf zwischengas.com).

Hansa-Lloyd

Zur Geschichte von Hansa und Hansa-Lloyd und ihren Produkten s. ausführlich und detailliert Harro Neumann, Norddeutsche Automobilpioniere.

Zu Robert Allmers: Johann Heinrich von Brunn, Ein Mann macht Auto-Geschichte.

Verkaufsleiter Benz u. Cie

Hinweis auf Werlins Vorschläge zur Verbesserung der Verkaufsorganisation: Karl-Heinz Roth, Der Weg zum guten Stern des „Dritten Reichs", S. 110/111 und Anm. 30, S. 360.

Was Jakob Werlin damit zu tun hatte, dass Hitler fast drei Monate länger Häftling in Landsberg blieb

Abschrift des Briefes Hitler an Werlin vom 13.09.1924: Staatsarchiv München JVA 17000/2. Zu Hitlers Haftzeit in Landsberg und der Briefaffaire Peter Fleischmann, Hitler als Häftling in Landsberg am Lech 1923/24, S. 56 ff.

Zur Frage, wer Hitler bei Haftende abgeholt hat: Othmar Plöckinger, Geschichte eines Buchs, S. 64, dagegen Hermann Pölking, Wer war Hitler?, S. 165, der auch Werlin unter die Abholenden zählt.

Ein Benz für Hitler

Zum Brief s. Anmerkung voriges Kapitel.

Die Tänzerin – Friderica Derra de Moroda

Zu Derra de Moroda vor allem: Sybille Dahms, Der Tanz – ein Leben. Friderica Derra de Moroda 1897–1978, in: Dahms/Schroedter (Hrsg.), Der Tanz – ein Leben. In Memoriam Friederica Derra de Moroda. Festschrift.

Außerdem: Claudia Willi, Friderica Derra de Moroda – Ausdruckstänzerin und Tanzpädagogin, in: Harald Lohmann, Helmut Laimer, Claudia Willi, Parsch erzählt.

Wichtige Hinweise, auch zum Verständnis, erhielt der Verfasser in einem Telefonat mit Frau Sybille Dahms im Oktober 2021.

Der Brief Himmlers (in Kopie) wie auch die Aussage von Gertrud Bader finden sich in der Spruchkammerakte Landesarchiv Ludwigsburg EL 903/4 Bü 63.

Werlins „Roaring Twenties"

Eine kurze Auflistung von Werlins Motorsporterfolgen findet sich in anderem Zusammenhang in Automobil-Revue 4/1942, S. 3.

Zur Robert-Batschari-Fahrt 1925 Roland Seiter, „Ein Bugatti brüllte auf, als wolle er zum Mond starten!", S. 45 ff.

Die Fahrerliste ist enthalten in Kaes, Ferdinand Porsche. Einhundert Jahre nach seiner Geburt, Typoskript.

Der Unfall Strafprozessakte Werlin Staatsarchiv Ludwigsburg, E 350 a Bü 6077.

Zitat Goebbels, Tagebuch Band 2/III S. 241.

Der Rauswurf Vom Besuch Werlins bei Porsche nach der Kündigung berichtet Ferry Porsche in J. Bentley/F. Porsche, Porsche – Ein Traum wird Wirklichkeit, und in Ferry Porsche, Geschichte einer Weltmarke, auto motor und sport 21/1978, S. 216 ff. (228/229)

Zur Villa Porsche und Ferdinand Porsches privatem Leben und seinen Lebenseinstellungen s. Pyta u.a., Porsche, Vom Konstruktionsbüro zur Weltmarke, insbes. S. 18–40.

Zu Kissels Vorhalt Schreiben Kissel an Werlin am 18.05.1932, Abgedruckt in Roth/Schmid, Die Daimler-Benz AG 1916–1948. Schlüsseldokumente zur Konzerngeschichte, Dok. 39b, S. 121.

Direktor Jakob Werlin – Mitglied des Vorstands der Daimler-Benz AG

Zur Unternehmensgeschichte zwischen 1933 und 1945: s. die beiden von der Daimler-Benz AG Mitte der achtziger Jahre beauftragten Untersuchungen Pohl, Habeth, Brüninghaus, Daimler-Benz zwischen 1933 und 1945, und speziell zum Schicksal der Zwangsarbeiter: Hopmann, Spoerer, Weitz, Brüninghaus, Zwangsarbeit bei Daimler-Benz, mit vielen Zeitzeugenberichten. Die Darstellung von Pohl, Habeth, Brüninghaus stieß auf Kritik, da in zentralen Aussagen eher verharmlosend, apologetisch.

Dezidiert gegen diese Darstellung gerichtet: Hamburger Stiftung für Sozialgeschichte des 20. Jahrhunderts (Hrsg.), Das Daimler-Benz Buch, darin insbesondere Roth, Der Weg zum guten Stern des „Dritten Reichs", ausführlich, mit vielen Details, aber mit klarer antikapitalistischer Agenda: Die Daimler-Benz AG als vorgeschobene Automobilfabrik, in Wirklichkeit eine vorgehaltene Rüstungsabteilung der Deutschen Bank.

Weiter aufschlussreich vor allem auch für die Jahre vor dem Dritten Reich: Bernard P. Bellon, Mercedes in Peace and War.

Ausführlich, ohne vorgegebene Agenda: Neil Gregor, Stern und Hakenkreuz, eine kühl-objektive Analyse, die auf viele Monate Recherche durch Gregor im Unternehmensarchiv aufbauen konnte: die erste umfassende unabhängige Untersuchung, deren Autor das Archiv ohne Restriktionen nutzen konnte und der in seinem Projekt aktiv unterstützt wurde.

Hochgepokert und gewonnen	Zu Werlins Akquisitionsreise Bericht Werlins an den Vorstand vom 18.07.1933, abgedruckt in Roth/Schmid a.a.O, Dok. 40, S. 122 Zu Werlins Erfolg in Sachen Werk Berlin-Marienfelde Bellon, Mercedes in Peace and War, S. 222 mit Nachweisen.
Tänzer auf vielen Hochzeiten	Keine Anmerkungen.
Ein Mann für alle Fälle	Automobilausstellung London und Beitritt zur Deutsch-Englischen Gesellschaft: Bestand Werlin im Unternehmensarchiv der Mercedes-Benz AG. Zur Exportgemeinschaft Bundesarchiv Berlin, R11/2168–2170. Fahrzeugübergabe König Boris Bundesarchiv Berlin, R26/VIII 5 Vorgang Cabriolet Riefenstahl: Pohl et al, Die Daimler-Benz AG in den Jahren 1933 bis 1945, Dokument 10, S. 212
Daimler-Benz gegen Auto Union: Kampf um Subventionen	Ausführlich zur Frage der Subventionen für den „nationalen Rennwagen“: Eberhard Reuß, Hitlers Rennschlachten, insbesondere Teile 1–5. Ebenfalls Pyta et. al, Porsche, Kapitel 2. Zum Artikel in der Schweizer Zeitung Reuß, a.a.O. S. 165 f.
Heikle Themen	Alle in diesem Abschnitt behandelten heiklen Fälle finden sich in Briefwechseln, Vermerken etc. im Bestand Werlin (Werlins Handablage), Unternehmensarchiv Mercedes-Benz. Entzug Lehrbefugnis Prof. Meirowsky: Matzerath, Köln in der Zeit des Nationalsozialismus, S. 380. Zu Felix Wankel, seine Beziehung zum Nationalsozialismus und den Auseinandersetzungen in der NSDAP Badens, die zur Verhaftung Wankels führten, s. ausführlich Sascha Becker, Spiel, Technik und Krieg, insbes. S. 255 ff.
Funktionär, Lobbyist, Publizist	Kopien der Artikel aus der Zeitschrift „Vierjahresplan“ im Bestand Werlin der Mercedes-Benz AG. Ebenso die Briefe und Vermerke zu Hagemeier und zur Ford-Motor-Company. Zum Haus der Deutschen Kraftfahrt: Von Brunn, Ein Mann macht Auto-Geschichte, S. 249–251.

Eine „ungehörige Äußerung" des Vorstandsvorsitzenden

Brief Werlin an von Stauß im Bestand Werlin a.a.O.

Zur Frage, ob Kissels Tod ein Suizid war: Fabian Müller, Daimler-Benz, S. 88, Yannik Buhl, Arbeitsam und autoritär, StZ 1./2.08.2020, S. 15, Neil Gregor, Stern und Hakenkreuz, S. 258.

Kampf um die Führung

Die Vorgänge werden in allen Unternehmensdarstellungen zu dieser Zeit aufgegriffen und geschildert: Pohl et. al., Roth, Gregor, Bellon. Dort weitere Nachweise. Wesentliche Dokumente im Anhang bei Pohl et. al. und bei Roth/Schmid, Dok. 53a bis 54.

Briefentwurf an Dickwach Bundesarchiv Berlin R26/VIII 5

Brief Werlin an Speer in Sachen Luftschutzkeller Bad Gastein Bundesarchiv Berlin R3/1605.

„Ohne Herr Werlin wäre Hubing ein toter Mann"

Aussagen Schmidt und Hubing Spruchkammerakte Landesarchiv Baden-Württemberg Ludwigsburg EL 903/4 Bü 63.

Zu Hubings Verfahren Ludewig/Kuessner, „Es sei also jeder gewarnt", S. 163–165, den Grund für die Umwandlung des Todesurteils in eine Haftstrafe (Werlins Intervention) haben die Autoren dort nicht genannt.

Freundschaft Rudolf Egger-Büssing mit Werlin s. Brief Egger an Werlin vom 23.12.1943 Bundesarchiv Berlin R26/VIII 5.

Arbeiten, Leiden, Sterben für Daimler-Benz: Kriegsgefangene, Zwangsarbeiter, KZ-Insassen

Zum Wissen des Vorstands um die Zustände und zur aktiven Tätigkeit bei der Beschaffungspolitik durch den Vorstand s. z.B. Unternehmensarchiv Mercedes-Benz Bestand Haspel 8,82, Besprechung vom 24.11.1944, hier zitiert nach Gregor a.a.O.

Zu Genshagen und den Frauen aus Ravensbrück Bauer, Innere Bilder wird man nicht los.

Generalinspektor für das Kraftfahrzeugwesen

Auch zu diesem Themenbereich die eben aufgeführten Gesamtdarstellungen.

Der handschriftliche Antrag auf Zugang zur Wohnung Hitlers in der Reichskanzlei findet sich in Kopie in Werlins Spruchkammerakte Landesarchiv Ludwigsburg, EL 903/4 Bü 63.

Brief wegen verletzter SS-Angehöriger vom 26.09.1944 Bundesarchiv Berlin R26/VIII 5.

Brief Mercedes-Benz Automobilgesellschaft Wien zum Haus in Österreich Bundesarchiv ebenda.

Im Kreis des „Führers“

Eine ruchlose Unternehmerin: Els Voelter

Die biografische Abhandlung von Cornelia Rauh „Els Voelter: Herzlichst – Heil Hitler. Eine Nationalsozialistin als Unternehmerin“ ist enthalten in Wolfgang Proske (Hrsg.), Täter, Helfer, Trittbrettfahrer, Band 10, NS-Belastete aus der Region Stuttgart, Gerstetten 2019.

S. auch Armin Käfer, Kaiserliches Schnäppchen, Stuttgarter Zeitung 28.02.2020, S. 26.

Brief Mercedes-Benz Automobilgesellschaft Wien zum Haus in Österreich Bundesarchiv ebenda.

Die englische Nazisse: Unity Mitford

Über das verrückte Leben der Unity Mitford und ihrer Familie gibt es viel Literatur, hier wurde im wesentlich zurückgegriffen auf Michaela Karl, „Ich blätterte gerade in der Vogue, da sprach mich der „Führer“ an.“ Unity Mitford, Eine Biographie.

Zum Tee der Familie Unitys im House of Lords mit Werlin Jonathan Guinness with Catherine Guinness, The House of Mitford, New York 1985, S. 375/376.

Auf dem Berghof

Dazu Görtemaker, Hitlers Hofstaat.

Die Filmaufnahmen Eva Brauns finden sich auf Youtube.

Der Einmarsch – Österreich 1938

Zur Thematik insgesamt Norbert Schausberger, Der Griff nach Österreich – Der Anschluss, Wien München 1978, zu den Pannen beim Einmarsch ebenda S. 567 ff. Die damals erstellten (Propaganda-)Filmmitschnitte sind auf YouTube problemlos auffindbar.

Zum G4 z.B. Mercedes-Benz G4 – Dreiachsiger Geländewagen (auto-news-blog.de) abgerufen 11.02.2021; Karl Ludvigsen, Mercedes-Benz G1–G4 – Der erste Luxus-Benz mit sechs Rädern (Fahrzeugberichte online-Plattform zwischengas.com).

Werlins Söhne haben im Gespräch mit den Verfassern der Unternehmensgeschichte von Pohl u.a. erklärt, dass Werlin in Österreich nicht dabei gewesen sei. Das ist unwahrscheinlich. Jakob Werlin hat von der SS die Österreich-Medaille bekommen, da „… Sie als Österreicher beim Einzug des Führers in Ihrem engeren Heimatland mit in der Begleitung des Führers waren …", Dok. Nr. 48 in Roth/Schmid. Und von der Mitfahrt bei der „Wahlkampfreise" gibt es das auf Seite 84 abgedruckte Foto.

Obersalzberg – Die Nacht des Wartens

Zu den politischen Entwicklungen vor dem Überfall auf Polen z.B. Ian Kershaw, Hitler, One-Volume-Ausgabe Penguin 2009, S. 480 ff.

Zum 23. August 1939 auf dem Obersalzberg Görtemaker, Hitlers Hofstaat, S. 269–271 mit weiteren Nachweisen.

Nationalsozialist Werlin – Freund des „Führers"

Zitate des Oberbaurats Schmidt, Landesarchiv Ludwigsburg EL 903/4 Bü 63.

Zu den Vorgängen um Paula Stuck s. Pyta/Havemann/Braun, S. 77 ff. mit Nachweisen. Kissels Brief mit den Vorschlägen zur Denunziation der Auto Union mit antisemitischen Themen, Unternehmensarchiv Mercedes-Benz, 1 V 01/0281: Kissel 11.2, hier zitiert nach Pyta et. al., Porsche.

Beurteilungen, Glückwunschtelegramme, Zutrittsberechtigung Führerwohnung etc.: SS-Personalakte Bundesarchiv Berlin, SS-Offiziere, Personalakten, Microfiche Film Nr. 237B.

Jakob Werlin und der Volkswagen

Hitlers Steckenpferd

und

Jakob Werlin und Ferdinand Porsche im Doppelpass

und

Auftritt Deutsche Arbeitsfront

Die wesentliche Quelle für die folgenden Kapitel ist Hans Mommsen/Manfred Grieger, Das Volkswagenwerk und seine Arbeiter im Dritten Reich, eine eingehende Untersuchung von den Anfängen des Projekts bis in die unmittelbare Nachkriegszeit auf über eintausend Seiten. S.a. Pyta, Havemann, Braun, Porsche – Vom Konstruktionsbüro zur Weltmarke.

Zur Rolle der Daimler-Benz AG und zu Design-Ähnlichkeiten des VW zum Mercedes Typ 150 s. den Zeit-Online Artikel von Christof Vieweg, Ohne Daimler gäbe es kein VW, und Christof Vieweg, Die Akte Volkswagen. Zur konstruktiven Unterstützung durch Daimler-Benz auch ein mehrseitiges Schreibmaschinen-Skript von Jakob Werlin, Gedanken zur Entstehung des Volkswagenwerks und der Anteil der Daimler-Benz Aktiengesellschaft an den Entwicklungsarbeiten, 1951, Bestand Werlin, Mercedes-Benz Unternehmensarchiv.

Eine vergnügliche Reise ins Mekka der Automobilproduktion

Das Bild auf der „Bremen“ ist auch in Mommsen/Grieger auf S. 167 abgedruckt. Die „gesellschaftlichen“ Informationen zur Überfahrt sind von Elly Beinhorn, Mein Mann der Rennfahrer, hier zitiert aus der Ausgabe Reutlingen 1955. Zur Hakenkreuzflagge über der Rennstrecke auf Long Island, s. die begeisterte Biografie von Hans Bretz, Bernd Rosemeyer – Ein Leben für den deutschen Sport, Berlin 1938, der aus Rosemeyers Leben und Rennsportkarriere ein nationalsozialistisches Heldenepos macht, dazu wiederum Christoph Frilling, Elly Beinhorn und Bernd Rosemeyer _ Kleiner Grenzverkehr zwischen Resistenz und Kumpanei im Nationalsozialismus, S. 51–55.

Zur Reise in die USA 1937 John Bentley/Ferry Porsche, Ein Traum wird Wirklichkeit, S. 131–143.

Rückzug Werlins – und ein letztes Verhandlungsergebnis in Sachen Volkswagen

Zur Vereinbarung über die Leichtmetallgießerei speziell Mommsen/Grieger, S. 496 ff.

Jakob Werlin und Ferdinand Porsche – eine Männerfreundschaft?

Kaes’ Hausmitteilung ist abgedruckt in Annette Gudjohns vervielfältigter Dissertation „Die Entwicklung des Volksautomobils ...“, S. 378 ff. Kaes’ Beurteilung Werlins ist ohne Abstrich eingegangen in Osteroth, Ferdinand Porsche.

Ein Ritt auf Messers Schneide

Confidential Report

und

Eduard Schulte, ein Industrieller auf gefährlicher Mission

Confidential Report: National Archives, Record Group 84: Foreign Service Posts of the Department of State, U.S. Consulate Zurich, Confidential Records, File 800 Jan-March 1944

Zu Eduard Schulte: Walter Laqueur und Richard Breitman, Breaking the Silence; Christoph Gunkel, Der Whistleblower gegen die Nazis, Spiegel, 27.07.2017

Robert Melvin Spector, World without Civilization, S. 473, Anmerkungen dazu in Bd. II, S. 887 ff. Dieses u.a. im Wikipedia-Beitrag zu Jakob Werlin benutzte Zitat beruht nicht auf eigenen Erkenntnissen Spectors, sondern auf Laqueur und Breitmanns

Werk. Die Vermutung, Spector habe einen Zugang zu diesen Ereignissen über seine Ehefrau Charlotte Werlin (!) gehabt, hat sich nicht als richtig herausgestellt. Biografische Angaben zu Spector und seiner Frau Charlotte Werlin: Nachrufe im Internet.

Zum Gespräch Himmler, General Thomas und Werlin am 14.07.1942 und Himmlers anschließender Besichtigung von Auschwitz s. Himmler, Der Dienstkalender Heinrich Himmlers 1941/42, S. 489–493.

Im Fadenkreuz Himmlers

Briefwechsel Himmler/Schwarz in Bundesarchiv Berlin NS19/776, dazu auch Bellon, Mercedes in War and Peace, S. 256 f. und S. 323, Fn. 176.

Zu Franz Eschenlohr und den Zwangsarbeitern in Mannheim-Sandhofen Wiedemann, Der Herr von Daimler trug einen Tirolerhut im KZ.

Zu Sepp Bildstein Vorarlberger Nachrichten 2.1.2019: Visionär, Techniker und Skisportler.

Unterlassene Hilfeleistung

Die genannten Unterlagen von Nabholz befinden sich in Kopie im Archiv des Instituts für Zeitgeschichte München.

Strnad, Privileg Mischlingsehe, zitiert aus einem Bericht, den Nabholz an die Holocaust Gedenkstätte Yad Vashem in Israel geschickt hat. Strnad stellt Nabholz' Schicksal in die Gesamtgeschichte der „Mischehen" und „Mischlinge" im Dritten Reich.

Nach dem Ende ist noch nicht das Ende

Internierungslager

Werlins Registrierungskarte, Daten zu seiner Verhaftung und den Lagern in der Spruchkammerakte Staatsarchiv Ludwigsburg EL 903/4 Bü 63.

Werlin vor der Spruchkammer

Zu den Spruchkammerverfahren instruktiv: Cornelia Rauh-Kühne, Wer zu spät kam, den belohnte das Leben: Entnazifizierung im Kalten Krieg, in: Die USA und Deutschland im Zeitalter des Kalten Krieges 1945–1990. Ein Handbuch, Hrsg. Detlef Junker, Stuttgart München 2001, S. 112 ff. sowie Cornelia Rauh-Kühne, Die Entnazifizierung und die deutsche Gesellschaft, in Archiv für Sozialgeschichte, 35. Band, 1995, S. 35.

Werlins Spruchkammerverfahren in Ludwigsburg: Landesarchiv Ludwigsburg EL 903/4 Bü 63, EL 905/4 Bü 1326 , EL 905/4 Bü 3051.

Die Wahrheit über Goldfisch

Aussage Fritz Gehring und Stellungnahme Daimler Landesarchiv Ludwigsburg EL 903/4 Bü 63.

Die Geschichte der Verlagerung von Genshagen ist dokumentiert in 38 Bänden Verlagerungsakten, die K. C. Müller im Mai 1945 den englischen Besatzungstruppen übergab. Sie lagern im Imperial War Museum in London.

Für dieses Kapitel hier habe ich mich u.a. auf Rainer Fröbe gestützt, der diese Akten ausgewertet hat, genauso wie die Historikergruppe Hopmann, Spoerer, Weitz und Brüninghaus:

Barbara Hopmann, Mark Spoerer, Birgit Weitz, Beate Brüninghaus, Zwangsarbeit bei Daimler-Benz, Stuttgart 1994, S. 236 ff., 308 f., 397 ff.

Rainer Fröbe, „Wie bei den alten Ägyptern". Die Verlegung des Daimler-Benz-Flugmotorenwerks Genshagen nach Obrigheim am Neckar, in Hamburger Stiftung für Sozialgeschichte des 20. Jahrhunderts, Das Daimler-Benz Buch, Nördlingen 1987, S. 392 ff. Fröbe legt sein Gewicht darauf, Daimler-Benz als treibende Kraft der Verlagerung und aller damit verbundenen Situationen darzustellen.

Weniger um ausschließliche Skandalisierung der Daimler-Benz AG wie das „Daimler-Benz Buch" und mehr um differenzierte Berichterstattung bemüht: Tobias Markowitsch und Kattrin Zwick, Goldfisch und Zebra. Die Geschichte des Konzentrationslagers Neckarelz, Außenkommando des KZ Natzweiler-Struthof, dort auch detaillierte Angaben zu den Ärzten, den Krankenstationen, den Todesraten im Lager und den Erhängungen.

Die hohe Komplexität im Zusammenwirken (und auch die Konkurrenz) von SS, Daimler-Benz und einer Vielzahl örtlicher und überörtlicher Behörden, Stäbe, bis ins Rüstungsministerium hinein, zeigt Tobias Markowitsch, Verlagert – demontiert – ausgeschlachtet. Goldfisch 1944–1974. Vom Rüstungsbetrieb zur Maschinenfabrik Diedesheim.

	Zu Genshagen die zitierten Werke zur Unternehmensgeschichte (Pohl et al, „Daimler-Benz-Buch“, Gregor, Bellon) und Helmuth Bauer, Innere Bilder wird man nicht los. Die Frauen im KZ-Außenlager Daimler-Benz Genshagen, Berlin 2011.
Vom Hauptschuldigen zum Mitläufer	Spruchkammerakten a.a.O.
Schicksalsschläge	Private Todesanzeige in Spruchkammerakte a.a.O.
Geld	Zur Property Control und zu Werlins Vermögensverhältnissen: Landesarchiv München Vermögenskontrolle Garmisch-Partenkirchen 58 und Vermögenskontrolle Traunstein 288 und Staatsarchiv Ludwigsburg a.a.O.
Ein Brief an den Bundeskanzler	Spruchkammerakte Staatsarchiv Ludwigsburg a.a.O.

Das Leben geht weiter, das Leben endet

Der Kreis schließt sich: Mercedes-Händler „Werlin und Söhne“	Fahrbericht Werlins über den Mercedes-Benz 170 S in Bestand Werlin, Unternehmensarchiv Mercedes-Benz.
Alte Kameraden	Rochus Misch, Der letzte Zeuge, S. 258.
Ein Grabstein mit dem ersten Automobil	Zeitschriftenmeldungen zu Werlin abrufbar auf www.zwischengas.com (abgerufen 1.4.2022). Erwin Tragatsch, Im Donner der Mercedes Kompressoren, AR 54, 1966. Grabstätte Waldfriedhof Traunstein, Sektion 31 (S.31-Eck-53).

Abspann: Das Schicksal der Wegbegleiter

s. Nachweise zu den einzelnen einschlägigen Kapiteln.

Zur Haltung und zu den Handlungsoptionen der Unternehmen im Nationalsozialismus s. zB. Gall/Pohl, Unternehmen im Nationalsozialismus.

Zur Geschichte des Umgangs deutscher Konzerne mit ihrer NS-Vergangenheit Sebastian Brünger, Geschichte und Gewinn.

Zur Stiftung Erinnerung, Verantwortung, Zukunft s. www.stiftung-evz.de (abgerufen 1.4.2022).

Literaturverzeichnis

auto-news blog, Mercedes-Benz G4 – Dreiachsiger Geländewagen (auto-news-blog.de), abgerufen am 11.02.2021.

Helmuth Bauer, Innere Bilder wird man nicht los. Die Frauen im KZ-Außenlager Daimler-Benz Genshagen, Berlin 2011.

Sascha Becker, Spiel, Technik und Krieg. Das „Maschinenspielkind" Felix Wankel und der Nationalsozialismus 1918–1950, Marburg 2013.

Elly Beinhorn, Mein Mann der Rennfahrer, Reutlingen 1955.

Bernard P. Bellon, Mercedes in Peace and War, 1990.

John Bentley/Ferry Porsche, Porsche. Ein Traum wird Wirklichkeit. Ein Auto macht Geschichte, Taschenbuchausgabe Düsseldorf und Wien 1980.

Hans Bretz, Bernd Rosemeyer – Ein Leben für den deutschen Sport, Berlin 1938.

Sebastian Brünger, Geschichte und Gewinn. Der Umgang deutscher Konzerne mit ihrer NS-Vergangenheit, Göttingen 2017.

Johann Heinrich von Brunn, Ein Mann macht Auto-Geschichte, Stuttgart 1972.

Yannik Buhl, Arbeitsam und autoritär, Stuttgarter Zeitung, 2.8.2020, S. 15.

Sybille Dahms/ Stephanie Schroedter (Hrsg.), Der Tanz – ein Leben. In Memoriam Friderica Derra de Moroda, Festschrift, Salzburg 1997.

Gerhard Dienes, Von der Postkutsche zur „rush hour", in: Walter Brunner (Hrsg.), Geschichte der Stadt Graz, Band 2 Wirtschaft – Gesellschaft – Alltag, Graz 2003, S. 357 ff.

Friedrich F. Ehn, Das große Puch-Buch. Die Puch-Zweiradproduktion von 1890–1987, 7. Aufl. Graz 2008.

Peter Fleischmann, Hitler als Häftling in Landsberg am Lech 1923/24, Neustadt 2015.

Christoph Frilling, Elly Beinhorn und Bernd Rosemeyer – Kleiner Grenzverkehr zwischen Resistenz und Kumpanei im Nationalsozialismus, Frankfurt usw. 2009.

Rainer Fröbe, „Wie bei den alten Ägyptern". Die Verlegung des Daimler-Benz-Flugmotorenwerks Genshagen nach Obrigheim am Neckar, in Hamburger Stiftung für Sozialgeschichte des 20. Jahrhunderts, Das Daimler-Benz Buch, Nördlingen 1987, S. 392 ff.

Lothar Gall und Manfred Pohl (Hrsg.), Unternehmen im Nationalsozialismus, München 1998.

Joseph Goebbels, Die Tagebücher, Hrsg. Elke Fröhlich, München 19XX.

Heike B. Görtemaker, Hitlers Hofstaat. Der innere Kreis im Dritten Reich und danach, München 2020.

Wolfgang Graf, Österreichische SS-Generäle. Himmlers verlässliche Vasallen, 2012.

Neil Gregor, Stern und Hakenkreuz. Daimler-Benz im Dritten Reich, Berlin 1997.

Annette Gudjons, Die Entwicklung des „Volksautomobils" von 1904 bis 1945 unter besonderer Berücksichtigung des Volkswagens, Dissertation Hannover 1988.

Jonathan Guinness with Catherine Guinnes, The House of Mitford, New York 1985.

Christoh Gunkel, Der Whistleblower gegen die Nazis, Spiegel 27.07.2017, https://www.spiegel.de/geschichte/holocaust-eduard-schulte-der-vergessene-whistleblower-gegen-adolf-hitler-a-1158460.html.

John Heitmann, A Key Figure in Mercedes-Benz and Nazi History: Jakob Werlin, https://automobileandamericanlife.blogspot.com/2020/02/a-key-figure-in-mercedes-benz-and-nazi.html (abgerufen 15.10.2020).

Volker Hentschel, Daimler-Benz in Dritten Reich, Vierteljahresschrift für Sozial- und Wirtschaftsgeschichte, 1988, S. 74 ff.

Heinrich Himmler: Der Dienstkalender Heinrich Himmlers 1941/42 im Auftrag der Forschungsstelle für Zeitgeschichte in Hamburg bearbeitet, kommentiert und eingeleitet von Peter Witte u.a., Hamburg 1999.

Christian Hinteregger, Helmut Antensteiner, Steyr-Daimler-Puch AG, Historie der ehemaligen Gründerfirmen in Mitteleuropa. Imperiale Zeit 1864–1918, Wien 2014.

Barbara Hopmann, Mark Spoerer, Birgit Weitz, Beate Brüninghaus, Zwangsarbeit bei Daimler-Benz, Stuttgart 1994.

Franz Jäger, Wirtschaftsgeschichte 1800 bis 2000, in Walter Brunner (Hrsg.), Geschichte der Stadt Graz, Band 2 Wirtschaft – Gesellschaft – Alltag, Graz 2003, S. 159 ff.

Traudl Junge, Melissa Müller, Bis zur letzten Stunde. Hitlers Sekretärin erzählt ihr Leben, München 2002.

Armin Käfer, Kaiserliches Schnäppchen, Stuttgarter Zeitung 28.02.2020, S. 26.

Ghislaine Kaes, Ferdinand Porsche. Einhundert Jahre nach seiner Geburt, Typoskript 1975.

Michaela Karl, „Ich blätterte gerade in der Vogue, da sprach mich der Führer an." Unity Mitford – Eine Biografie, München 2018.

Ian Kershaw, Hitler, One-Volume-Ausgabe Penguin London 2009.

Walter Laqueur/Richard Breitman, Breaking the Silence, New York 1986, sowie die um einen weiteren Epilog erweiterte Ausgabe Brandeis University Press Hanover 1994.

Hans-Ulrich Ludewig, Dietrich Kuessner, „Es sei also jeder gewarnt" Das Sondergericht Braunschweig 1933–1945, Braunschweig 2000.

Karl Ludvigsen, Mercedes-Benz G1 bis G4 – Der erste Luxus-Benz mit sechs Rädern (Fahrzeugbericht auf der Online-Plattform zwischengas.com).

Tobias Markowitsch, Verlagert-demontiert-ausgeschlachtet. Goldfisch 1944–1974. Vom Rüstungsbetrieb zur Maschinenfabrik Diedesheim, 2018.

Tobias Markowitsch und Kattrin Zwick, Goldfisch und Zebra. Die Geschichte des Konzentrationslagers Neckarelz – Außenkommando des KZ Natzweiler-Struthof, St. Ingbert 2011.

Horst Matzerath, Köln in der Zeit des Nationalsozialismus 1933–1945, Köln 2009.

Rochus Misch, Der letzte Zeuge, München und Zürich 2008.

Hans Mommsen, „Bündnis zwischen Dreizack und Hakenkreuz", Der Spiegel 20/1987, S. 118 ff.

Hans Mommsen/Manfred Grieger, Das Volkswagenwerk und seine Arbeiter im Dritten Reich, 3. Aufl. Düsseldorf 1997.

Motorblöckchen, 1937–1943 Motorpresse: Motor Schau http://motorbloeckchen.com/?page_id=43247 (abgerufen 21.10.2020).

Fabian Müller, Daimler-Benz, München 2000.

Harro Neumann, Norddeutsche Automobilpioniere. Die Geschichte von Hansa und Hansa-Lloyd, Bremen 2005.

Reinhard Osteroth, Ferdinand Porsche. Der Pionier und seine Welt, Hamburg 2004.

Martin Pfundner, Vom Semmering zum Grand Prix. Der Automobilsport in Österreich und seine Geschichte, Wien/Köln/Weimar 2003.

Othmar Plöckinger, Geschichte eines Buchs: Adolf Hitlers „Mein Kampf" 1922–1945, München 2006.

Hermann Pölking, Wer war Hitler? Berlin 2017.

Hans Pohl, Stephanie Habeth, Beate Brüninghaus, Die Daimler-Benz AG in den Jahren 1933 bis 1945, Stuttgart 1986.

Ferry Porsche, Geschichte einer Weltmarke (Teil 3), auto motor und sport 21/1978, S. 216 ff.

Wolfram Pyta, Nils Havemann, Jutta Braun, Porsche – Vom Konstruktionsbüro zur Weltmarke, München 2017.

Cornelia Rauh-Kühne, Die Entnazifizierung und die deutsche Gesellschaft, Archiv für Sozialgeschichte, 35. Band 1995, S. 35 ff.

Cornelia Rauh-Kühne, Wer zu spät kam, den belohnte das Leben: Entnazifizierung im Kalten Krieg, in: Die USA und Deutschland im Zeitalter des Kalten Krieges 1945–1990. Ein Handbuch, Hrsg. Detlef Junker, Stuttgart München 2001, S. 112 ff.

Cornelia Rauh „Els Voelter: Herzlichst – Heil Hitler. Eine Nationalsozialistin als Unternehmerin", in Wolfgang Proske (Hrsg.), Täter, Helfer, Trittbrettfahrer, Band 10, NS-Belastete aus der Region Stuttgart, Gerstetten 2019.

Roger Repplinger Der Autoverkäufer des Führers, https://www.kontextwochenzeitung.de/zeitgeschehen/117/der-autoverkaeufer-des-fuehrers-1255.html (abgerufen 15.10.2020).

Eberhard Reuß, Hitlers Rennschlachten. Die Silberpfeile unterm Hakenkreuz, Berlin 2006.

Dieter Ritter, 75 Jahre Volkswagen – Wie alles begann, https://ticker.mercedes-benz-passion.com/75-jahre-volkswagen-wie-alles-begann/ (abgerufen 21.10.2020).

Karl-Heinz Roth, Der Weg zum guten Stern des „Dritten Reichs", in: Hamburger Stiftung für Sozialgeschichte des 20. Jahrhunderts (Hrsg.), Das Daimler-Benz Buch, Nördlingen 1987.

Karl-Heinz Roth, Michael Schmid, Die Daimler-Benz AG 1916–1948. Schlüsseldokumente zur Konzerngeschichte, 1987.

Norbert Schausberger, Der Griff nach Österreich – Der Anschluss, Wien München 1978.

Christa Schroeder, Er war mein Chef, hrsg. von Anton Joachimsthaler, München-Wien 1985.

Roland Seiter, „Ein Bugatti brüllte auf, als wolle er zum Mond starten!", Baden-Baden 2002.

Hans Seper, 100 Jahre Steyr-Daimler-Puch AG, 3. Aufl. 2009.

So brachte das Auto Hitler an die Macht, Auto Bild Nr. 2, 10.01.2014, S. 38 ff.

Robert M. Spector, World Without Civilization. Mass Murder and the Holocaust, History and Analysis, Vol. I und II, Lanham 2005.

Maximilian Strnad, Privileg Mischehe? Handlungsspielräume „jüdisch versippter" Familien 1933–1945, Göttingen 2021.

Blaine Taylor, Jakob Werlin in the second world war, https://ihffilm.com/jakob-werlin-second-world-war-essay-by-blaine-taylor.html (abgerufen 15.10.2020).

Erwin Tragatsch, Im Donner der Mercedes Kompressoren, Automobil-Revue Nr. 54, 1966.

Christof Vieweg, Ohne Daimler gäbe es kein VW, ZEIT ONLINE 19. Juli 2016 https://www.zeit.de/mobilitaet/2016-07/volkswagen-daimler-benz-adolf-hitler-geschichte?utm_referrer=https%3A%2F%2Fwww.google.de%2F (abgerufen 15.10.2020).

Christof Vieweg, Die Akte Volkswagen. Ideen, Irrtümer und Intrigen auf dem Weg zum VW Käfer, München 2014.

Christof Vieweg, Fast alles über Mercedes-Benz – Ein Sammelsurium, Bielefeld 2021.

Vorarlberger Nachrichten, 2.1.2019, Visionär, Techniker, Skisportler Visionär, Techniker und Skisportler (vn.at) (abgerufen 30.05.2022).

Jakob Werlin, Erinnerung an meine Grazer Zeit, (Grazer) Tagespost, 87. Jahrgang, 28.01.1942.

Jakob Werlin, Kriegserfahrungen im Automobilismus, Automobil-Revue 10/1916, S. 76 f.

Wikipedia – Jakob Werlin, https://de.wikipedia.org/wiki/Jakob_Werlin (abgerufen 15.10.2020).

Charlotte Wiedemann, Der Herr von Daimler trug Tirolerhut im KZ, Charlotte Wiedemann.de: Deutsche Dinge (abgerufen 30.05.2022).

Claudia Willi, Friderica Derra de Moroda – Ausdruckstänzerin und Tanzpädagogin, in: Harald Lohmann, Helmut Laimer, Claudia Willi, Parsch erzählt. Geschichte und Geschichten eines Salzburger Stadtteils, Überarbeitete Neuauflage Salzburg 2009.

Abbildungsverzeichnis

Außerdem erhältlich:

Jürgen Strutz

Jean Bugatti 1939

2022. 180 S. mit 34 Abbildungen. Hardcover.

ISBN 978-3-7582-0257-5

Der vorliegende historische und dokumentarische Roman deckt ein schwieriges, ja tragisches Verhältnis der beiden großen Persönlichkeiten Ettore und Jean Bugatti auf. Gleichzeitig ist es ein Liebes- und ein Kriminalroman.

Peter Kirchberg

Automobilgeschichte in Deutschland

Die Motorisierungswellen bis 1939.

2021. 560 S. Hardcover.

ISBN 978-3-7582-0247-6

Der Weg des Automobils am Anfang seiner technischen und gesellschaftlichen Entwicklung ist eine spannende Geschichte. Getrieben vom immerwährenden Wunsch, schnell und autonom neue und entfernte Ziele zu erreichen, sollte der neue Motorwagen dem Menschen ungeahnte Freiheiten der Bewegung erlauben. Weg vom vorgegebenen Streckennetz der Eisenbahn, der Postkutschen und deren eingrenzenden Takt der Verbindungen.

Christian Manz, Halwart Schrader

Alternativ Mobil

Die Geschichte der Elektromobilität, Solar-, Wasserstoff- und Gasturbinenfahrzeuge von 1881 bis morgen.

2022. 440 S. und ca. 750 zumeist farbigen Abbildungen. Hardcover.

ISBN 978-3-7582-0255-1

In übersichtlicher Gliederung wird die Geschichte des Elektroautos dokumentiert, einschließlich Nutzfahrzeugen und Omnibussen. Industrielle, volkswirtschaftliche und ökologische Aspekte ergänzen die Ausführungen. Eine Chronologie der Entwicklung sowie ein alphabetisches und großzügig bebildertes Markenverzeichnis mit weltweit über 650 Herstellern elektrischer Autos von 1881 bis heute runden die Materie ab.

Horst-Dieter Görg (Hg.)

Strom-Linien-Form

Die Faszination des geringen Widerstands.
Mit Illustrationen von Rony Lutz.

2. Auflage 2023. 228 S. Hardcover.

ISBN 978-3-7582-0191-2

Aerodynamik steigert die Geschwindigkeit von Fahrzeugen aller Art. Zahlreiche namhafte Autoren beschreiben in *Stromlinie* ein interessantes Thema in seinen unterschiedlichsten Anwendungsbereichen auf 227 Seiten, mit mehr als 300 Abbildungen umfangreich illustriert.

Verlag
Olms
Presse